훈맹정음

이정자 수필집

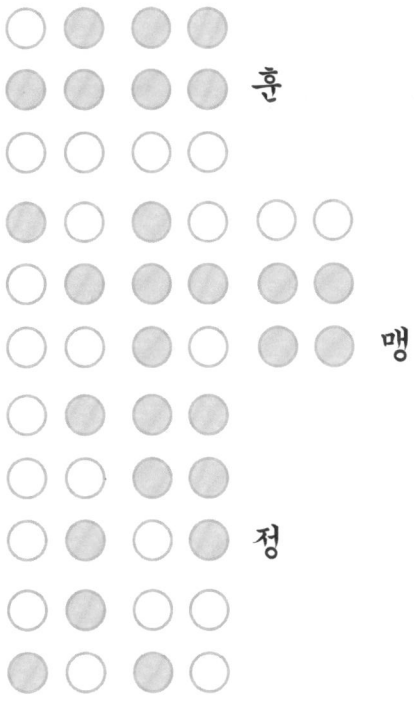

산사나무

작가의 말 ────────────

"휘슬러가 안개를 그리기 전까지는 런던에 안개가 없었다"라는
오스카 와일드의 말을 좋아합니다.
산길을 걷는데 "구구구— 구구—"
이름 모르는 새 소리가 들렸습니다.
자꾸 들으니 궁금해서 찾아보았습니다.
멧비둘기 산비둘기였습니다.
글을 쓰면서
그냥 무심히 지나왔던 것에
새롭게 관심을 갖게 됩니다,

몇 년 동안 써 온 글이지만
책으로 내야 하나
또 한동안 망설임이 있었습니다.
그러나
내가 지나온
발자취라 생각하고
다시 용기를 내어 책을 묶습니다.

요만큼을 걸어오는 데도

많은 분의 도움이 있었습니다.
그분들이 아니면
도저히 떼지 못할 걸음걸음이었습니다.
이 모든 것을 인도해 주신
하느님 감사합니다.

유한근 교수님과 이침문학 회원님들
뜸사랑의 모든 선생님들
광덕초등학교 동창 친구들
필주란 선생님과 사내중학교 동창 친구들
항상 응원해 준 남편과 민호, 나연, 민아, 경윤, 시언, 세인
어머님과 형제자매들 사랑하고 감사합니다.
나를 알고 있는 모든 분들 감사합니다.
산사나무 이노나 대표님 감사합니다.

올봄 꽃피는 날에
하늘나라로 가신
나의 어머니 영전에 이 책을 바칩니다.

2025년 8월

이정자

| 차례 |

작가의 말 - 4

제1부

훈맹정음 - 12

호칭에 대한 편견 - 17

심뽀 - 21

쓸모없음 - 26

아이고 - 30

또라이 총량의 법칙 - 34

나는 내 인생, 너는 네 인생 - 38

행복 풍선 - 42

부부 - 46

나가는 바보 - 51

온몸으로 글쓰기 - 56

제2부

한줄기 빛 - 62

곤지곤지 잼잼 - 66

걸음걸이 - 70

꽃구경 - 74

동주황벽 東州黃壁 - 79

윷놀이 - 83

자연표류 - 88

개꿈 - 92

몽골에서 - 96

밥 잘 사 주는 예쁜 언니 - 101

짱돌 마애불 - 106

제3부

면류관 - 112

족두리 무덤 - 116

고드름을 찾아서 - 121

도토리와 원숭이 - 126

빚도 갚고 저축도 하고 - 131

서울 가서 살자 - 136

아프다는 것은 - 140

옥광밤을 먹으며 - 145

나무목 - 149

대수대명代壽代命 - 154

살아라, 몇 개의 이름이든 - 159

제4부

선비 - 166
자주색 모시 치마 - 170
요리 못하는 마리아여서 - 175
핑크 - 179
궁체宮體 - 183
개망초 - 188
떡집 아들 - 193
말 무덤[言塚] - 197
명당 - 201
맨발 걷기 - 206
네 마음, 내 마음 - 211

제5부

복도 많아 - 218
빗물 방에서 - 223
얼린 옥수수 - 227
천지 영접 - 231
현수막 - 236
머리 손질 - 241
비껴감 - 246
신발에 대하여 - 250
인생의 즐거움 - 254
안 보면 잊힌다 - 259
붉은 립스틱 - 263

제1부

훈맹정음

 사람들이 붐비는 늦은 저녁이었다. 청량리역에서 지하철을 기다리면서 의자에 앉아 있는데 시각장애인 한 분이 지팡이를 짚고 다가오고 있었다. 나는 얼른 일어났다.
 "어르신, 여기 의자가 있어요. 앉으세요."
 나는 큰소리로 말을 건네고 노인의 팔꿈치를 살며시 붙잡고 의자에 앉혀 드렸다.
 십 년 전쯤에 나는 장애인 센터에서 시각장애인 선생님으로부터 초급영어를 공부한 적이 있었다. 그때 그분이 말하길 일반 사람들이 시각장애인에게 어떤 도움을 주기 전에 말을 먼저 건네주어야 한다고 강조했다. 그냥 도와주고 싶은 마음이 앞서서 갑자기 불쑥 잡거나 하면 엄청 놀랜단다.

양복을 단정하게 입은 노인은 감사하다고 했고 그 후엔 말없이 앉아 있었다. 잠시 후에 기차가 달려오는 소리가 가까이 들리고 그 달리는 물체가 일으키는 바람이 손가락 사이를 스치며 지나갔다. 기차가 다가오고 있었다. 노인이 일어선 순간 나는 전철 문이라고 표시되어 있는 발밑에 쓰여 있는 숫자를 보고 이곳은 그분이 타기에 불편한 장소인 것을 알았다.

"여기는 경로석이 아니네요. 저쪽으로 조금만 이동해야겠어요."

나는 다시 그분의 팔꿈치를 잡고 옆으로 조심조심 이동했다. 그리고 이 기차는 멀리 안가는 전철이라고, 나는 의정부까지 가야 해서 다음 전철을 타야 한다고 안녕히 가시라고 인사를 했다.

몇 달이 흘렀다. 그날은 아침시간이었다. 청량리역에서 내려 뜸사랑으로 가려고 출구 쪽으로 가고 있는데 예전의 그 할아버지가 지팡이를 조심스럽게 짚으며 저만치 앞서서 가고 있었다. 그쪽은 높은 계단을 지나야 에스컬레이터를 탈 수 있었다. 나는 발걸음을 빨리했다. 그리고 그분께 가까이 가서 인사를 했다.

"안녕하세요. 지난번에 뵈었는데 또 뵙네요."

나는 이번에는 내 오른쪽 팔꿈치의 소매를 그분이 왼손으로 잡도록 하고 걸음을 옮겼다. 예전에 시각장애인에게 길 안내를 할 때 그렇게 하라고 배웠기 때문이다. 출구로 나와서 한참을 같이 걸어가게 되었다. 방향이 같았기 때문이었다. 그날 길에는 커다란 수도 파이프가 몇 개나 나와 있었다. 아마 길에 묻혀 있던 수도가 고장이 나서 수도 공사를 하는 중인가 보다. 눈이 보이는 나조차 커다란 수도 파이프 몇 개를 넘기가 힘이 들었다. 나는 노인에게 앞에 굵은 수도 파이프가 나와 있으니 걸음 보폭을 크게 해야 한다고 말했고 노인은 내 말을 잘 듣고 발걸음을 옮겼다. 평상시에 늘 다니는 길이지만 이렇게 복병이 생기는 날은 고생한다고 했다. 어디까지 가시느냐는 내 말에 동대문 경찰서 근처에 있는 ○○철학관이 자신이 하는 것이라고 그곳에 출근하는 중이라고 했다.

"오늘은 일요일인데요?"

내가 반문했더니 직장 다니는 분들이 일요일에 오기 때문에 자신은 일주일 내내 출근을 한다고 했다.

그 후에 출퇴근 시 여러 번 그분을 볼 수 있었다. 그렇게 전철역에서 만났고 같이 길을 가면서 여러 가지를 알게 되었다. 그분은 자식들이 다 잘 컸다고 나에게 자랑도 했고 중학생 손주들 자랑도 했다. 사모님이랑 중매결혼을 했냐고 했더니 연애결혼을 했단다. 사모님이 대단하시다고, 자식들 잘 키우고 내조 잘해서 어르신이 오늘까지 온 것 아니냐고 했더니 기쁘게 행복하게 웃으셨다. 자신은 아주 어렸을 때 어딘가에서 떨어져서 시력을 잃었다고 했다. 철학 공부는 어떻게 했냐고 했더니 열 살이 조금 지나서 점자를 익혀서 점자책으로 했단다.

"점자책이 없었으면 내 삶은 불가능했지요."

그 말에 나는 갑자기 가슴 한켠이 뜨거워졌다.

훈맹정음訓盲正音!

시각장애인들을 위한 한글 점자. 나도 얼마 전에야 알았다. 일제강점기였던 1926년 송암 박두성 선생이 발표한 것이다. 그는 사범학교를 마치고 선생님이 되어 제생원 맹아부로 가게 되었다. 첫날 맹인 학생들을 보고 놀랐다. 땟국이 줄줄 흐르는 너덜너덜한 옷의 아이들을 보며 저 아이들이 사람대접을 받도록 열심히 가르치리라 결심을 했다. 일본어 점자를 가르치다가 아이들이 너무 어려워하기에 우리 아이들에겐 우리의 글인 한글 점자를 만들어 주기로 결심했다. 일제의 감시를 피해 한글 점자 연구에 매달렸고 제자들과 한글 점자책을 만들어 보급하였다. 드디어 우리나라의 시각장애인들이 문맹을 퇴치할 수 있게 된 것이다.

"점사는 쉽고 간편하여 5분 동안이면 배우고, 반날이면 쓰고 읽고, 3~4일만 연습하면 빨리 쓰고 빨리 읽게 된다. 누구든지 못 배운 사람이 없다."

송암 박두성이 1926년 《맹사일지》에 이렇게 썼다.

세종대왕님이 한글을 만드신 뜻처럼 훈맹정음은 시각장애인들이 세상과 통하는 길을 열어 준 것이다. 훈맹정음이 있었기에 눈이 불편한 많은 분들이 점자로 한글을 익혀 그 할아버지처럼 자신의 삶을 스스로 살게 되었으니 얼마나 다행한 일인가. 훈맹정음은 최근에 국가등록문화재로 지정되었다. 점자의 탄생과 점자책의 제작 과정을 알 수 있고 시각장애인을 위한 고유의 언어이고 당시의 사회상을 반영해 주는 귀중한 자료이기 때문이다.

의정부에 있는 신숙주 묘소에 가 보았다. 묘소 앞에 한글학회에서 세운 한글창제사적비가 세워져 있었다. 역사에서 평가가 엇갈리는 신숙주이다. 그는 변절했기에 녹두 콩에서 나온 나물을 잘 쉰다 하여 숙주나물이라 부르는 오명을 쓰고 있다. 그러나 한글 점자로 한글을 익혀 오랫동안 자신의 일을 해 나가는 노인을 보면서 나는 생각을 달리하기로 했다. 세종의 뜻을 깊이 이해하여 훈민정음 음운 제정에 가장 큰 도움을 준 인물이 신숙주였다. 훈민정음 실용화의 길잡이인 《동국정운》도 편찬했다. 한글이 없었다면 지금 우리나라가 누리고 있는 정보 통신 강국과 세계 10대 경제 대국은 있을 수 없을 것이라는 이야기를 들었다. 훈민정음이 없었다면 훈맹정음 또한 나올 수 없었을 것이다. 신숙주 묘소에서 감사의 묵념을 올렸다.

호칭에 대한 편견

 문학반 수업 중에 교수님의 말씀이 퍽 인상적이었다. 선생이란 말은 최고의 호칭이라는 내용이었다. 과거 시험에 아홉 번 장원급제 하여 구도장원공九度壯元公이라는 칭송을 받은 율곡 이이가 세상을 떴을 때 그의 이름에 무엇을 붙일 것인가 의견이 분분했다고 한다. 병조판서 등도 지냈기에 붙일 것이 많았다고 한다. 삼일 동안 밤새 토론한 끝에 정해진 것이 선생이라는 호칭이었다. 先生! 그것이 가장 크고 넓은 것을 가리키기 때문에 그것에 견줄 만한 호칭이 없었다고 한다.
 강원도 시골 마을 우리 집 앞에는 초등학교가 있었다. 어린 시절에 내가 본 가장 높은 사람은 선생님이었다. 내가 교사가 되었을 때 부모님들이 제일 기뻐하셨고 온 사방 자랑하시던 게 생각난다. 초등학교 중학교 시절 대중가요에서 〈섬마을 선생님〉이란 노래가 크게 유행했었다.

선생님이란 존재는 누구라도 사랑을 하게 만드는 그런 사람이라는 생각이 들었다.

　선생님이란 호칭을 십 년 넘게 들어서인지 그 호칭이 낯설지 않았다. 뜸사랑 봉사실에서도 봉사자들끼리 서로 선생님이란 호칭을 쓴다. 내가 봉사자가 되어 얼마 안 되었을 때였다. 이른 아침에 봉사실을 갔더니 새로 온 봉사자가 있었다. 그런데 아무리 보아도 고등학생처럼 보였다. 물었더니 고등학교 2학년이라고 했다. 뜸사랑 봉사자는 1년의 교육과정을 마치고 시험에 합격하면 봉사실에 나와서 뜸봉사를 할 수 있다. 대부분 나이 드신 분들이다. 가끔 한의과 대학생을 본 적이 있지만 고등학교 학생은 처음이었다. 어떻게 뜸사랑 공부를 하게 되었는지 물어보았다. 자신은 미국 유학을 가고 싶어서 중학생 때부터 부모님께 졸랐는데 약사인 아버지가 미국은 의료비가 비싸니 뜸사랑 공부를 1년을 하고 유학을 가라고 했단다. 그래서 자신은 고등학교에 입학하자마자 주말반에 등록해서 매주 토요일마다 1년 동안 공부를 했고, 시험에도 합격했고, 이제 막 2학년이 되었다고 했다. 세상에나. 나는 고등학교 교사인 시절에 누구야 하고 이름 부르던 학생들 기억이 났지만 그때 봉사실에서 앳된 고등학생에게 선생님, 선생님 하면서 같이 즐겁게 봉사했다. 좋은 경험이었다. 젊은 세대를 새롭게 보는 기회가 되었다. 나중에 그 학생은 정말로 미국으로 유학 떠나서 봉사실에서는 더 이상 볼 수가 없었다.

　내가 함께하고 있는 뜸사랑뿐만 아니라 문학반, 서예반에서도 나는 선생님이라는 호칭을 주로 쓴다. 어떤 여자분께 선생님이라고 불렀더니 그녀가 자신은 그렇게 부르지 말아 달라고 정중히 사양했다. 교사가 많은 선생님 집안에서 시집살이하다 보니 선생님 소리가 저절로 싫어졌단다. 얼마나 시집살이가 힘들었으면 그런 생각을 할까 싶어 안타까웠다. 그 말을 듣고 보니 내 딸의 말도 생각났다. 딸이 결혼하고 나니 호칭이 애매해졌다. 결혼하기 전에는 공주라고 나는 불렀다. 알게 모르게 남아선호 사상 속에 자라서인지 나도 모르게 아들과 딸을 차별해서 키우고 있었다. 나는 인식하지 못했는데 나중에 여러 이야기를 듣고 생각해 보니 그랬다. 그래서 딸에게 반성하는 의미로 공주라고 부르기 시작했다. 그런데 딸이 결혼한 이후에는 공주라는 호칭을 부르지 말라고 했다. 그러면 이 선생이라고 할까 했더니 선생이라는 말도 싫다고 했다. 학교에서 내내 듣는데 엄마한테까지 듣고 싶지 않단다. 그래서 요즘은 그냥 이름으로 부르고 있다.

  요즘 선생님이란 호칭이 과잉이다. 어디 가든 선생님 전성시대이다. 학교 선생님은 물론이고 병원의 의사 선생님, 약국의 약사 선생님, 머리를 잘라 주는 헤어디자이너 선생님, 경락 마사지를 해 주는 곳도 선생님이라고 불렀다. 이곳저곳 강의를 들으러 다녀 보면 교탁에 서서 가르치는 선생님이 의자에 앉아서 듣고 있는 수강생들을 부르는 호칭도 선생님인 경우가 많다. 처음 뜸사랑에서 교육을 받을 때도 그렇게 불러서 깜짝 놀랐다. 신선한 충격이었다.

  그런데 내가 가장 경악하고 놀라웠던 것은 어느 방송에서 보았던 장면이었다. 범죄를 파헤치는 방송인데 여러 가지 명백한 살인의 증거가 나왔고 본인도 자백을 해서 살인자로 체포되어 가는 사람에게 기자가 물었다. "선생님은 왜 그 사람을 죽였나요?" 살인자는 묵묵부답이었는데 나는 기자가 그 사람에게 선생님이라는 호칭을 쓰는 것을 보고 기절할 뻔했다. 그 장면에 자막 글씨도 뜨고 있었다. 선생님. 나는 그 순간 선생님이란 호칭에 분노했다.

선생님이란 말. 先生은 삶을 먼저 나아간 훌륭한 사람이 되어야 할 것 같다. 선생님이란 호칭이 이렇게 범람하는 것은 진정한 선생이 없어서인 것 같다는 생각이 문득 들었다. 정말로 우리 사회에 율곡 이이 같은 훌륭한 선생님이 있어서 그분이 우뚝 서서 우리를 인도하고 있다면 우리가 아무한테나 선생님이라 부르지는 않을 것이라는 생각이 들었다.

어느 날 신문에서 한 기사를 읽었다. 시장 귀퉁이에서 노점을 하는 할머니 한 분이 오랫동안 대학에 장학금을 주고 있었다. 장학금을 받은 한 학생이 할머니께 감사의 편지를 썼다. 'OOO 선생님 감사합니다'로 편지는 시작했다. 할머니는 그 편지를 꺼내 사람들에게 자랑했다. 학생이 자신을 선생님이라고 불렀다며 감격해 했다. 그날 나는 선생님이란 호칭을 마구 사용한다고 불평하던 편견에서 벗어났다. 선생님이란 힘들고 어려운 삶의 길을 가는 사람에게 등불을 밝혀 주는 사람, 그런 사람에게 주는 아름다운 호칭이라는 생각이 들었다.

심뽀

 오래전에 나는 배가 쓰리고 아팠던 적이 있었다. 소화가 안 되어 더부룩하고 입에서는 쓴맛만 느껴져서 음식을 먹을 수가 없었다. 병원에 갔더니 위궤양이라고 했다. 처방 받은 약을 먹으면 괜찮아졌다가 다시 재발하곤 했다. 그렇게 몇 달을 고생하다가 누군가의 조언으로 한의원에 갔다. 한의원에 가서 침도 맞고 약을 먹고 나았다. 나중에 알아보니 동양의학은 어느 한 곳에 병이 나도 그곳에만 치료하는 것이 아니라고 했다. 위에 난 병이지만 그 병은 마음에서 왔을 수도 있기 때문이다. 마음이 편치 않으면 소화가 안 되는 것을 수없이 느끼며 살았어도 그런 생각을 해 보지 않았다.
 동양의학은 자연과 우주의 순환을 목화토금수木火土金水 오행으로 본다. 인간도 하나의 자연이며 작은 우주이다. 나무가 서로 부딪혀 저절로 불이 생기고 불은 타고 나면 재를 남겨 흙이 되고 흙에서는 돌과 쇠 같은 금속이 생기고 서늘한 곳에 둔 구리 쟁반에서는 저절로 물이 생기고 물은 나무를 자라게 한다는 것이 오행이다. 오행五行에서 화火는 우리 몸의 심장心臟에 해당하고 토土는 비脾와 위胃를 가리킨다. 불 탄 재가 흙이 되듯이 마음의 병이 위장의 병으로 옮겨가는 것이다. 내가 지인에게 배가 아파 병원에 갔던 이야기를 했더니 나에게 물었다.

"사촌이 땅을 샀나요? 심뽀를 잘 써야 해요."

우리는 마주보며 깔깔 웃었다. 사촌이 땅을 사면 배가 아프다는 속담 이야기를 우리는 수없이 들으면서 살았다.

"그런 것 같아요."

나도 흔쾌히 대답했다. 내가 놀부 심뽀를 가진 적도 많기 때문이다. 흥부가 잘 사는 것을 시샘하는 심뽀말이다. 내가 경제적으로 어려운 상황에 있을 때 크게 성공한 친구를 만난 적이 있었다. 나는 그 친구가 몹시 부러웠고 내 마음이 쓰리고 아프다는 것을 느꼈다. 그 친구는 학교 다닐 때 나보다 공부도 못했다. 그런데 세상살이는 공부랑은 상관이 없었다. 그때 살짝 마음의 병을 앓았다. 누구에게 말은 못했지만 잠도 못자고 밥도 못 먹으니 사는 맛이 없었다.

어느 날 텔레비전에서 어떤 강의를 들었다. 인생의 흐름은 음陰의 시절이 있으면 반드시 양陽의 시절이 온다는 내용이었다. 겨울이 가면 반드시 봄이 오는 계절의 변화처럼, 이렇게 변화하는 계절의 변화를 누구도 막을 수 없는 것처럼, 조금 더디 오기는 하더라도 힘든 시절이 가면 좋은 시절이 오는 것 또한 누구도 막을 수 없는 것이라고 했다. 나는 그 말에 기운이 났다. 그리고 생각해 보니 예전에 내가 잘 사는 시절일 때 그 친구는 어려운 시절이었다. 그 친구도 그때 지금의 내 심정과 같았 겠다는 생각이 들었다. 그리고 이어진 방송에서 이 세상에는 힘든 일만 있는 것이 아니라고 했다. 부모는 지금 엄청 힘든 시절인데 가만히 살펴보면 그 자식들은 잘되기 시작하는 시점이란다. 그 말이 나에게 많은 위로가 되었다.

심보(心보, 마음보)는 주로 심뽀로 발음을 하는데 심뽀는 심포心包를 말하는 것이란다. 심포는 글자 그대로 심장을 둘러싼 보자기이다. 우리 선조들은 이런 장부가 우리 몸에 있다고 생각했다. 그런데 실제로는 없는 가상의 장부다. 나는 처음에 가상의 장부라는 말을 듣고 그렇게까지 할 필요가 있나 하는 생각이 들었다. 허무맹랑하다는 생각이 들었기 때문이다. 그래서 논리가 가득한 서양의학에 비해 동양의학이 밀린다고 생각했다. 그런데 뜸사랑 공부를 같이 하는 카이스트 박사님의 이야기를 듣고 내 마음을 수정하게 되었다.

수학에도 실수(實數, real number)만 있는 것이 아니라 허수虛數가 있단다. 우주를 설명하는 데 실수만으로는 설명할 수가 없어서 허수라는 것을 수학자들은 만들어 냈다고 한다. 허수를 뜻하는 기호는 필기체 아이를 쓴다. 허수虛數는 영어로 imaginary number이기 때문이다. 인체는 소우주이다. 우리 선조들은 수학자 과학자들보다 수천 년 더 앞선 사고를 가지고 있었던 것이다. 생전의 구당 할아버지는 동양의학의 이론이 너무나 훌륭해서 본인이 생각하기를 어떤 도인, 선인, 선지자, 예언자 같은 사람이 하늘에서 내려와 알려 주고 간 것 같다는 말씀을 하셨다.

　내가 시샘으로 마음이 아프고 배가 아파 본 경험까지 있기에 나는 사촌이 땅을 사면 배가 아프다는 말, 그것이 놀부 심뽀를 가리키는 말이라는 것을 그대로 믿었다. 그런데 어떤 책을 읽게 되었다. 장병두라는 분의 책인데 구당은 침뜸으로 유명하고 그분은 약초로 유명했다. 구당은 침뜸의 대가, 그분은 약초의 대가였다. 백세가 넘게 사셨고 이미 다 고인이 되신 분들이다. 그 책에서 그 할아버지가 하는 말이 사촌이 땅을 사면 배가 아프다는 말을 나쁘게 해석한 것은 일제강점기 시절이라고 했다. 예전에는 농사를 짓기 위해 밭에 거름을 주려면 인간의 똥과 오줌이 절대적으로 필요했다. 그래서 사촌이 땅을 사면 그렇게 오줌과 똥을 주고 싶은 마음이 들어서 사촌이 땅을 사면 배가 아프다고 했던 것이란다. 일본 사람들이 우리나라 사람들을 얕잡아 보고 나쁘게 엉터리로 해석한 말을 현대에 사는 우리가 그대로 믿고 살아가는 것이 참 가슴 아프다고 했다. 세상에나! 그렇게 좋은 뜻을 우리가 그렇게 나쁜 뜻으로만 써먹고 있다니 새삼 놀라웠다. 현대에 사는 우리가 시샘하는 마음이 더 커졌기 때문에 이 말이 더 깊숙이 들어온 것이 아닐까.

　흥부는 다친 제비를 보고 제비만을 생각하고 다리를 고쳐 주었다. 그것이 흥부 심뽀이고 놀부는 흥부가 잘 산다는 것만 시샘하여 일부러 제비 다리를 분질러 고쳐 주었다. 그것이 놀부 심뽀라고 한다. 어떤 분이 말하길 내가 잘 살기를 바라는 기복신앙과 기도 또한 놀부 심뽀라고 했다. 나도 주로 내가 잘 살기를 기도한다. 나는 언제쯤 놀부 심뽀를 벗어나 흥부 심뽀를 갖게 될까. 나이는 자꾸 들어가는데.

쓸모없음

빨간 글씨 광복절. 모처럼 휴일을 맞이하여 시어머니와 텔레비전을 보고 있었다. 《아이 캔 스피크》라는 영화가 나오고 있었다. 화면에 초등학교와 중학교를 함께 다닌 동창 친구가 등장했다. 나는 내 친구가 나왔다고 어머니께 자랑스럽게 말했다. 화면에서 동창 친구가 여자 주인공을 안내하고 있었다. 곧이어 화면에서 여자 주인공이 말했다.

"I can speak."

자막이 떴다. "나는 증언할 수 있습니다." 주인공 할머니는 위안부로 살았던 삶을 증언했다. 머나먼 이국땅 미 하원 의회에서 할머니는 또박또박 자신의 일을 이야기했다. 일본은 한 번도 자신들이 위안부를 만든 적이 없다고 했는데 이 할머니들이 증언한 이후 처음으로 사과했다고 한다.

영화에 나온 동창 친구는 군대에 갔다 온 후 미국에 가서 살게 되었고 LA 사태를 목격했다. LA에서 흑인들이 백인에게 부당한 대우를 받은 일이 생기자, 흑인들은 처음에 백인들에게 대항하고 해를 가하려고 했다. 그런데 막상 그들 주변을 둘러보자 백인들은 멀리 떨어져서 살고 있었고 한국인들이 그들 주변에서 가게를 하며 살고 있었다. 그런데 한국인들이 때로는 흑인들을 무시하는 것 같은 인상을 주었다. 백인에게 위해를 가하는 대신 가까이 있는 한인 상점들을 부수고 행패를 부렸다. 그 사건이 LA 사태이다.

미국에 살고 있던 내 친구는 미국이 선진국이니까 국가에서 한인들에게 부서진 상점과 집기를 당연히 보수, 보상해 주리라 생각했다. 그러나 미국 정부에서는 아무런 조치도 하시 않있다. 내 친구는 너무나 의아했다. 그리고 그 이유를 알았다. 미국 정부나 어떤 정당도 한인에게 관심이 없었다. 그 이유가 한국인은 투표하지 않기 때문이었다. 투표하지 않는 한인들에게 미국의 어떤 정치인도 관심이 없었고 어떤 정당도 관심을 두지 않았다. 미국에서 유대인들이 큰 힘을 발휘하는 것은 투표를 잘하기 때문이라는 것을 친구는 그때 알았다. 친구는 한인 유권자 단체를 만들기로 마음먹었다. 한 사람 한 사람 찾아다니며 투표를 독려했다. 미국은 투표하는 날이 공휴일이 아니었기에 한인들은 하루 일당을 포기하면서까지 알아듣지도 못하는 정책이나 정당에 투표하는 것에 적극적이지 않았다. 내 친구는 신발을 몇 켤레 닳아가면서 한인 유권자 명부를 만들었고 무시할 수 없는 단체가 되었다. 영어에 익숙하지 않은 한인들은 어떤 정책이나 어떤 인물로 목표가 정해지면 몰표가 발생하기도 했다. '한인유권자센터' 힘이 커지자 정치인들에게 여러 가지로 다가갈 수 있게 되었다. 그래서 미 하원 청문회에서 이렇게 할머니들을 초대해서 증언도 할 수 있게 된 것이다.

이 영화는 2007년 미 하원 의회 공개청문회에서 이용수, 김군자 할머니의 일본군 만행을 증언한 사건을 모티브로 만든 것인데 이때 할머니들을 초대한 것이 한인유권자센터를 포함한 한인회가 주축이 되었다. 영화를 만드는 회사에서 그 일을 했던 당사자로서 친구에게 특별출연 제의를 했다고 한다.

친구가 한국을 방문하면 우리 동창들이 번개팅을 할 때가 있다. 그때 내가 친구에게 물었다. "너는 어떻게 미국까지 가서 한국을 위해서 일하게 되었니?" 친구가 대답했다. "내가 어떻게 알겠어. 나는 너희랑 똑같이 시골에서 자랐고 중학교도 너희랑 같이 십 리 넘게 걸어서 다녔던 산골 아이인데…. 하나님이 이곳에 내가 필요하다고 생각하셨나 봐."

그때 그 순간, 나는 친구의 말에 큰 충격을 받았다. 하나님의 필요에 의해서 자신이 그곳에 간 것 같다는 말. 친구는 덧붙였다. 여러 사연으로 자신은 그때 나라에서 쫓겨나듯 미국으로 간 것이라고. 나라에서 쓸모없다고 내보낸 사람이 지금은 나라에 쓸모 있는 사람이 된 것이다.

장자가 말한 '쓸모없는 것의 쓸모'가 이런 것인가 한편으로 생각이 들었다. 바르고 곧게 자라지 않은 나무는 쓸모없어 베지 않고 남겨 두었더니 아름드리 큰 나무가 되었다. 시원한 큰 그늘을 만들어 주니 사람들이 그곳에 모여 편히 쉴 수 있는 쓸모 있는 나무가 되었다는 이야기. 친구네 단체에서는 요즘은 미국으로 입양되어 갔지만 나중에 양부모로부터 파양되어 버림을 받은 한국 아이들, 그들의 지위를 찾아주기 위해 애쓰고 있는 중이다.

　쓸모없음에 대한 생각을 하다 보니 문학교실에 와서 처음 받은 충격이 생각났다. 문학은 돈이 되지도 않고 쌀을 만들지도 않는 그야말로 쓸모가 없다는 내용이었다. 나는 정신이 아득해졌다. 그 쓸모없는 것을 하려고 내가 이 공부방을 기를 쓰며 다니는가 라는 생각이었다. 며칠을 끙끙 앓다가 드디어 생각을 바꾸었다. 미래를 어찌 알겠는가. 내 친구처럼 나도 쓸모 있는 사람이 될지….

　내가 어떤 문학작품의 글을 읽고 위로를 받고 그래서 땅을 딛고 다시 일어섰듯이 나의 이 쓸모없는 글이 언젠가 누군가에게 위로가 되는, 그래서 쓸모 있는 것이 될 지도 모른다고 생각하면서 오늘도 공부방에 가기 위해 집을 나선다.

아이고

버스에서 지나가는 풍경을 바라본다. 붉게 물든 저녁노을을 보면서 잘 살아온 우리처럼 저물어가는 아름다움이 있다고 생각했다. 먼저 도착한 인솔 책임자 총무님이 버스 내리는 곳에서 우리를 맞아 주었다.

"아이고 다리야."

버스에서 내리며 나도 모르게 소리를 질렀다. 터져 나오는 내 소리가 너무 컸는지 총무님은 깜짝 놀라 나를 쳐다보았다. 그녀는 나에게 조심스럽게 다가왔다. 그리고 미소 지으며 조곤조곤 작은 목소리로 나에게 말했다.

"아이고 다리야! 그런 말 입 밖으로 내면 안돼요. 그냥 '음!' 하면서 입 속으로 삼켜야 해요,"

나는 어안이 벙벙해서 그녀를 쳐다보았다. 나는 예사로 '아이고 다리야'를 달고 살았기 때문이었다. 그렇게 외치면 고통이 조금 가벼워지는 느낌이 들었다. 심리적인 이유인지는 모르겠지만 내 고통을 세상에 호소한 느낌이랄까. 누군가 내 호소를 들어준 느낌. 그래서 내 아픔이 조금 약해진 느낌.

그녀는 웃으면서 이야기를 들려주었다. 어느 날 공원에서 멋진 할아버지가 우아하고 고상한 할머니를 보았다. 그 할아버지는 아름답고 우아한 그녀와 데이트를 하고 싶었다. 그녀에게서는 꽃향기가 났다. 꽃의 향기는 바람이 불어야 실려 오지만 바람이 불지 않아도 그녀에게서는 향기가 났다. 바람이 불지 않아도 향기가 날만큼 그녀는 품위가 있었다. 그 할아버지는 나름대로 성공한 사람이었다. 부자이고 교양 있는 사람이었다. 그래서 최고급 요리도 같이 먹고 공원에서 이야기도 나누면 좋겠다고 생각을 했다. 그래서 데이트 신청을 하려고 그녀 가까이 다가갔다. 그런데 그때 마침 그녀가 의자에서 일어서면서 "아이고 다리야!"라고 고통의 소리를 냈다. 할아버지는 그 말을 듣고 데이트하겠다는 마음을 접었다. 우아하고 교양 있게 대화를 나눌 좋은 상대가 아니라 아프다는 하소연만 듣겠구나 생각했기 때문이란다.

나는 깔깔 웃었다. 총무님은 나에게 신신당부했다.

"아무리 아파도 '음!' 하는 거예요. '아이고!'는 안 돼요."

나는 더 크게 웃으며 그러겠노라고 대답했다. "아이고"라는 그 소리가 그녀에게 듣기 좋은 소리가 아니었구나 생각이 들었기 때문이었다. 마음 넓고 포용력 있는 그녀가 듣기 싫은 소리라면 여타 다른 사람들도 듣기 싫은 소리겠구나 싶었다. 퇴행성관절염이란 진단을 받고 뜸도 뜨고 연골주사도 맞고 물리치료도 받아 좋아지긴 했지만 가끔 무리를 하는 날이면 나도 모르게 "아이고 다리야" 소리가 부지불식간에 나온다.

그 말을 들은 후 요즘엔 나는 "음!" 하는 외마디 소리만 가늘게 뱉으며 지내고 있다. 멋진 할아버지가 데이트 신청은 안 하겠지만 누군가에겐 듣기 싫은 소리겠다 싶어서이다. "아이고"란 말을 입안에만 넣고 "음" 하면서 살아서일까. '아이고'란 말이 내 가슴에서 그리고 내 마음에서 맴돌고 있었다.

그때 신문에서 '아이고'에 대한 기사를 읽었다. 외국 사람들은 중국인 한국인 일본인들을 잘 구분하지 못한단다. 그러다 어느 순간 '저 사람은 한국인이구나.'하는 순간이 있는데 바로 '아이고!'라는 말을 하는 순간이란다. 한국인들은 거의 언제나 '아이고!'라는 말을 쓴단다. 기쁠 때도 '아이고!' 깜짝 놀랄 때도 '아이고!' 슬픈 일이 생겨도 '아이고!'

한류가 대세인 요즘, 한국 드라마나 영화에도 '아이고'라는 말이 많이 나오는데 번역하는 사람들은 '아이고'란 말을 번역하는 것이 참 힘들다고 했다. 오랜만에 누구를 만나서 하는 '아이고'는 '반갑다'이고 기쁨이 있는 곳에서 하는 '아이고'는 '기쁘다'로, 슬픔이 있는 곳에서는 '슬프다. 안 됐다' 등의 위로의 말로 번역을 했는데 요즘은 그냥 '아이고'로 해야 하지 않을까 생각한단다.

장례식장에서도 상주들은 '아이고'를 한다. '아이고' 소리가 구성지게 들려야 좋다고 예전에 부잣집들은 사람들을 사서 '아이고' 소리를 내게 했다. 곡소리를 잘해야 망자가 좋은 곳으로 간다고 생각했다. 그런데 장례식에서 내는 곡소리 '아이고'는 주역의 오회午會라는 말에서 유래되었다고 한다. 오회午會는 이승을 떠나 저승의 안녕을 기원하는 뜻을 담고 있단다. 12支 중 자·축·인·묘·진·사는 선천과 오전 그리고 이승을 뜻하고 반면 오·미·신·유·술·해는 후천과 오후 그리고 저승을 뜻한다. 오午는 시간상 저승길의 첫 번째에 위치하고 있기 때문에 '오회, 오회' 이렇게 외쳤다고 한다. 그 '오회, 오회'가 '아이고, 아이고'가 되었단다.

뜸사랑 봉사실의 팀장님은 젊은 시절 외국계 건설 회사에 있을 때 남태평양섬 팔라우에 가서 근무했었는데 현지인들이 '아이고 다리'가 있다고 해서 깜짝 놀랐다고 한다. 일제강점기 시절 많은 한국인들이 끌려와 그 다리를 지었는데 그들은 일을 하면서도 잠자리에 누워서도 끙끙 앓으며 '아이고, 아이고'를 했단다. 그들이 힘들어서 내는 '아이고, 아이고' 소리가 끊이지 않았다. 그래서 아직도 그 다리는 현지인들에겐 '아이고 다리'라고 불린다는 것이다. 그 이야기를 듣는데 눈물이 핑 돌았다. 그들의 아이고는 모든 신들에게 하는 하소연이 아니었을까.

'아이고'는 한국인이라면 떼어 놓을 수 없는 우리의 숨결 같다는 생각이 들었다. 이제 나도 '음' 대신 '아이고'라는 말을 그냥 쓰면서 살아야겠다. 한국인이니까.

또라이 총량의 법칙

뜸사랑 봉사실 휴게실에서 점심 식사 후 차 한 잔을 나누고 있었다. 그때 마침 한 분의 카톡이 울렸고 그분이 카톡을 읽고 한마디 했다.

"이 친구는 정말 또라이야. 또 엉뚱한 소리를 해서 여린 친구의 마음을 다치게 하네."

동창 한 분이 영어 공부를 시작했다고 카톡방에 올렸단다. 다른 친구들은 어학 공부가 치매 예방에 좋다더라, 잘했다, 칠십이 넘어 공부를 시작하다니 가상하다 등의 격려를 해 주는데 또라이라는 말을 듣는 그 친구는 "우리가 한글도 다 모르는데 무슨 영어를 공부하느냐."고 핀잔을 주었단다. 마음 여린 친구는 기가 죽어 시무룩해서 답이 없고 그 글을 읽은 뜸사랑 봉사자분이 "우리는 다 한글을 아는데 너만 아직 모르는구나." 하면서 또라이 친구를 나무랐고 다른 친구들이 "나도 이제 용기를 내어 영어 회화 공부 좀 해 볼까 한다.' 하면서 이내 동참을 해 주고 나니 카톡방이 잠잠해지고 평화가 왔다고 한다.

'또라이'란 무엇인가? 사전에서는 생각이 부족하고 행동이 어리석은 사람을 낮추어 부르는 말이라고 했다. 또 다른 설명에는 '돌아이'의 발음이 변해서 생긴 것이라고 한다. 돌과 아이가 결합된 단어인데 우리말에 쓰이는 접두사 '돌'은 수준이나 품질이 낮다는 의미를 지니고 있으므로 돌아이는 수준이 떨어져 생각과 행동이 어리석은, 상식 밖의 아이 같은 사람을 가리키는 말이다. 동작이나 두뇌 회전이 굼뜨고 느린 것을 뜻하는 일본어 '또로이'에서 왔다는 설도 있다.

어쨌든 어디에서도 좋은 뜻은 아니다. 모임에서 이런 사람들은 누구를 흉보며 모임의 진행을 나무라고 언성을 높이기 때문에 분위기가 깨진다. 이런 분들을 만나면 어찌할 바를 모르겠다. 그들의 심성이 나쁜 것은 아니다. 그저 성향이 다르고 결이 다르고 코드가 맞지 않는다고 생각하고 있다. 그러나 난감할 때가 참 많다. 그분이 가까이 오거나 내 옆자리에 오려고 하면 나도 모르게 멀리 뒷걸음을 친다.

책을 많이 읽은 것으로 유명한 간서치 이덕무도 이런 어려움을 겪었나 보다. 그의 책을 읽다가 나도 모르게 웃음이 나왔다. "망령된 사람과 더불어 시비나 진위 선악을 분별하느니 차라리 얼음물 한 사발을 마시는 것이 낫다."고 했다. 이분도 나와 다르지 않구나 하면서 마음의 위안을 얻고 있는데 다른 구절이 나온다. "고상한 사람이 속된 사람을 대하면 졸음이 온다. 속된 사람이 고상한 사람을 대해도 졸음이 온다. 서로 맞지 않아 융합하지 못하기 때문이다. 속된 사람은 비루해서 조는 것이니 말할 필요가 없다. 그런데 어찌 고상한 사람이 조는가? 마음이 좁기 때문이다. 만약 진실로 고상한 사람이 있다면 반드시 졸지 않을 것이다. 다른 사람을 용납하기 때문이다."라고 했다. 갑자기 마음이 숙연해졌다.

그 글을 읽고 내가 마음 좁은 사람임을 다시 한 번 느꼈다. 나는 다른 사람을 다 용납하는 고상한 사람은 되기 어려울 것 같다. 그러다가 고양이를 키우고 있는 사람의 이야기를 들었다. 고양이들은 깨끗하게 자기 관리도 잘하고 똑똑해서 말귀도 잘 알아들어 강아지 키우는 것은 비교가 안 될 만큼 고양이가 이쁘다고 한다. 고양이들은 자기를 좋아하는 사람이 누구인지 또 자신들을 싫어하는 사람이 누구인지 다 알고 있단다. 하지만 고양이들은 별로 상관하지 않는단다.

나는 그 말을 듣고 깜짝 놀랐다. 나도 누가 나를 좋아하는지 싫어하는지 알고 있다. 그러나 초연하게 되지는 않는다. 누가 나를 좋아하고 싫어하는지를 상관하지 않는다는 것은, 그렇게 초연할 수 있다는 것은 스스로 이 세상에서 자신이 가장 중요하고 소중하다는 사실을 알고 있기 때문이란다. 진실로 자신을 소중히 여긴다면 자신을 아무렇게나 방치하지 않아서 이리저리 휘둘리지 않게 된다. 자신을 소중히 생각하는 사람은 그렇기 때문에 스스로 자신에게 차갑게 냉정하고 밖을 향해서는 따뜻한 큰마음을 지니고 있다고 한다. 나의 이 고양이보다 작은 마음을 어찌해야 하나.

또라이에 대한 이야기가 계속되었다. 어느 모임에나 분위기를 깨는 또라이가 한두 사람 꼭 있다는 것이다. 나는 생각했다. '우리 창동 엄마들 모임에는 없는데'하고. 창동에는 우리 아이들이 초등학교 다닐 때 살았다. 그 아파트 통로 엄마들 6명에게는 비슷한 또래의 아이들이 있었다. 우리는 아이들과 함께 겨울이면 스케이트도 배우러 다니게 하고 성당도 다니게 하면서 유대감을 쌓았다. 지금은 각자 다른 곳에 흩어져 사는데 그 아이들이 커서 직장을 다니고 결혼도 하고 그 아이들의 아기들이 초등학교에 다니게 된 지금도 두 달에 한 번씩 만나고 있다. 해외여행을 같이 가기도 하고 누구를 흉보지도 않고 어떤 불평불만도 없고 다른 사람의 이야기를 잘 들어주는 그야말로 천사 같은 모임이다. 한 여자 봉사자분이 말을 이어갔다.

"그런데요, 또라이 총량의 법칙이 있대요. 어떤 모임에나 또라이가 꼭 있대요. 어머나 다행히 이 모임에는 없다. 이렇게 생각되는 모임이 있대요."

그 말에 나는 창동 엄마들 모임을 생각했다.

"아무리 둘러보아도 이 모임에는 또라이가 없구나 할 때는요. 본인이 또라이래요. 또라이 총량의 법칙."

나는 그 말을 듣고 입에 담고 있던 커피를 뿜을 뻔했다. 그랬다. 그 모임에서 또라이는 나였다. 잘 들어주기에 많이 떠들었던 나. 내가 또라이였다.

나는 내 인생, 너는 네 인생

　추석날 차례를 지내고 친정에 갔다. 다음날 갈 예정이었는데 강원도 어머니가 자리에 누웠다. 며칠이 지나자 점점 심해져서 식사는 물론이거니와 물조차 못 삼켰다. 그렇게 또 삼일이 지났다. 이웃 언니의 말이 생각났다. 의사였던 친척은 아픈 사람을 보고 언제쯤 돌아가실지를 예상했고 거의 맞아떨어졌는데 언니는 어떻게 그것을 알 수 있는지 항상 궁금하단다. 나 또한 언니의 말을 듣고 참 궁금했다.
　어느 날 우연히 동영상 강의를 들었다. 우리 선조들은 우리 몸속에 음식물이 서 말 다섯 되가 들어 있다고 생각했다. 하루에 소변으로 두 되 반, 대변으로 두 되 반, 총 다섯 되가 배출되는데 만약 물조차 못 마신다면 몸속에 있는 것이 다 소진되는 것이 딱 7일, 일주일이다. 그래서 물조차 못 마실 때 일주일 쯤 되면 죽음을 예상했고 거의 맞는단다. 그 말을 듣고 언니의 친척 의사분도 그런 방법으로 측정을 했겠구나. 이해가 되었다.

계속 누워만 있는 어머니를 보자 갑자기 두려운 마음이 팍 들었다. 일주일 중에 벌써 3일이 지난 것이 아닌가. 나는 잠들어 있는 어머니의 숨소리가 들리는지를 곁에 다가가 살피고 잠든 어머니의 손을 잡고 눈물을 흘렸고 신께 기도를 드렸다.

다음날 강원도에서부터 택시를 타고 서울 병원에 왔다. 병실을 잡지 못하고 있을 때 아는 언니의 도움으로 병실을 옮길 수 있었다. 어머니가 입원한 첫날 나는 병실에서 잠을 잤는데 많은 지인들이 전화와 문자를 주었다. 병원 근처에 집이 있는 문우님은 나에게 자신의 집에 와 있으라고도 했고 맛있는 밥 사 주겠다, 맛있는 국수 사 주겠다고 연락을 해서 내가 얼마나 큰사랑 속에 살고 있는지 새삼 느꼈다. 병실 보호자 침대가 불편했는지 목이 아파 돌리지를 못할 지경이었는데 그분들의 사랑으로 아픈 목도 잊고 견딜 수 있었다. 내게는 나름 의미 있는 소중하고 귀한 시간이었다.

내시경 결과 어머니의 암은 흔적도 없이 깨끗해졌는데 식도암 수술 자리의 괄약근이 굳어져서 음식을 못 삼킨 것이라고 했다. 보톡스 주사 처방으로 식도를 넓혀서 어머니는 금방 회복이 되었다. 빨리 병원으로 모실 걸 내 미련함에 후회가 밀려왔다.

회복되자마자 어머니는 간호사와 다투었다고 한다. 환자복 때문에 옥신각신했는데 간호사는 병실에서 환자복을 입어야 한다고 했고 어머니는 작은 딸이 사 온 바지를 입고 싶다고 했단다. 어머니 퇴원 길, 남동생이 운전하는 차를 타고 강원도 집까지 갔다. 차 안에서 남동생은 나에게 그 상황을 말하며 어머니 성격은 정말 아무도 못 말린다고 했다. 나는 남동생에게 "어머니가 그런 성격이니까 이 첩첩산중 산골에서 자식 여섯을 다 대학 물을 먹게 했지. 아무도 꿈도 못 꾸던 일이잖아." 그렇게 남동생에게 대답을 해 주었다. 내가 대학을 다닐 때 고향 집에 가면 아버지는 나를 자랑스러워하다가도 불쑥 말했다. "여자가 고등학교만 나오면 좋은 직장 얼마든지 갈 수 있는데 왜 꼭 대학을 다녀야 해?" 엄마는 일언지하에 아버지의 말을 잘랐다.

"내가 까막눈이라 애들만은 다 대학 보내야 해요."

어머니는 그렇게 한 고집 했다. 자식 욕심도 그렇다. 나는 크면서 동생들 많은 것이 정말 싫었다. 학교에서는 동생 한 명 있는 사람 손들어 보라고 하면서 가정환경 조사를 시작하곤 했는데 두 명, 세 명, 네 명을 지나 다섯 명에 나는 손을 들었고 그때 나는 부끄러웠다. 왜 엄마는 그렇게 자식들을 많이 낳아야 했을까. 나중에 글공부를 하면서 알게 되었다. 한이 많아서라고…. 예전의 여인들은 한이 많아 자식을 많이 낳았다고 했다. 요즘의 젊은이들은 한이 없어 아이들을 적게 낳는다고 했다. 왠지 나는 그 말이 수긍이 갔다. 어머니 생각이 났기 때문이다.

지금은 동생들 많은 것이 정말 자랑스럽다. 동생들은 내가 만들 수도 없다. 오직 엄마만이 나에게 줄 수 있다. 어머니께서 동생들을 많이 낳아 주셔서 참으로 감사하다.

어머니 퇴원 후 나는 며칠 동안 강원도에 머물렀다. 그러나 나 또한 일이 있으니 와야만 했다.

"가야 하는데 혼자 계실 수 있겠어요?"라는 내 물음에 어머니가 답했다

"나는 내 인생 살고 너는 네 인생 살아야지. 걱정 말고 가거라."

어머니는 항상 아침 6시면 삼거리 점방의 불을 켠다. 아무도 오는 사람은 없다. 가끔 길 물으러 오는 사람뿐이다. 동생들은 어머니가 가게 문을 열고 있는 것도 불만이다. 그러나 내가 그곳에 머무르며 지켜보니 어머니에게는 꼭 필요한 일이었다. 낮에는 동네 할머니 두세 분이 지팡이를 짚고 유모차를 끌고 우리 집으로 왔다. 문이 열려져 있는 삼거리 집에 그들은 항상 올 수 있는 것이다. 때로는 호박 하나를 들고 때로는 토마토 하나를 들고…. 그것을 나누어 먹으며 이야기꽃을 피운다.

음력 9월이 되자 제비들은 다 떠나고 처마 밑엔 다섯 채의 빈집만 남았다. 어머니는 내년에 올 제비들을 기다리며 땅 위에 떨어진 제비 똥을 치우고 있다.

버스에 올랐다. 어머니가 손을 흔들고 있었다. 어머니가 심은 꽃이 화려하게 만발한 마당가. 그 가운데서 환하게 웃으면서 손을 흔든다. 어머니가 꽃이 되었다가 꽃이 어머니가 된다. 어머니는 고향 삼거리에서 어머니의 인생을 산다.

행복 풍선

　내 핸드폰의 문자벨이 울렸다. 우울해서 죽겠다는 내용이었다. 우울하다는 그 말이 내 가슴에 들어왔다. 뜸도 뜨고 맨발걷기도 하고 글쓰기도 하면 어떻겠느냐고 답장을 보냈다. 돌아오는 답은 없었다. 그런데 참 묘한 것이 누군가 우울하다고 하면 슬금슬금 안개가 퍼지듯이 그 우울감이 내게도 온다는 것이다. 나는 한동안 침울하게 가라앉은 마음으로 며칠을 보냈다.

　뜸사랑 카톡방에 필리핀 해외 봉사자를 모집한다는 내용이 떴다. 필리핀 경찰청의 요청이었고 3일 동안의 봉사 일정이었다. 나는 뜸사랑 봉사실에 17년을 다녔지만 한 번도 해외 봉사 간 적이 없다. 핑계를 대자면 그때마다 다른 일정이 있었고 식도암 수술 후 혼자 있는 강원도 어머니께 매주 가야만 했다. 나는 금요일에 강원도 어머니께 가서 일요일에 오곤 했다. 세월이 흘러 어머니도 이제는 요양병원에 계신다. 나는 얼른 신청했다.

뜸사랑을 만든 구당 할아버지는 봉사에 지극정성이었는데 국내 봉사뿐만 아니라 해외 봉사까지 적극적이었다. 우리나라가 종주국이 되어 세계에 전파할 것이 태권도 다음으로 뜸이라고 했다. 어떤 사람들은 우리나라 안에도 봉사할 곳이 많은데 왜 굳이 돈 들여서 외국까지 봉사하러 가느냐고 말한다. 아프리카 잠비아 봉사를 하는 신부님의 강연이 생각났다. '옛날에 우리나라가 어려울 때 수많은 나라가 우리를 도왔다. 이제 우리는 잘사는 나라가 되었다. 우리가 도울 차례이다.'

핸드폰으로 이트래블(eTravel)을 작성해 오라고 했는데 나는 그곳에 가서 해도 되겠지 하는 안일한 생각으로 출발했다. 그런데 일행 중에서 나만 해 오지를 않았다. 공항에는 작성을 도와주는 별도의 요원이 있었지만 나 때문에 우리의 시간이 지체되니 민망한 일이었다. 원자력발전소에 근무하는, 영어가 유창하신 봉사자 한 분이 달려와서 쉽게 해결이 되었다.

뜸사랑 출신으로 필리핀에서 클리닉을 오픈하신 선생님 세 분을 만났다. 세 분 중 한 분이 내가 아는 분이었다. 강원도청에 근무할 때 뜸사랑에서 공부하고 동묘 봉사실에서 같이 봉사했던 이 선생님이다. 그분의 아내가 나와 같은 춘천여고를 나왔다며 반갑게 인사한 기억이 있다. 이 선생님은 나중에 일본에 파견 근무하면서 일본 침구사 시험에 합격하고 그 후에 필리핀에서 클리닉을 열게 되었다. 세 분은 현지인들과 말이 통하니 환자와 상담하고 차트를 만들어 앞장서서 임했다.

구당 할아버지는 100세에도 봉사를 다녔다. 그 모습을 보았던 필리핀에서 이렇게 봉사 요청을 해 오는 것이다. 마닐라 경찰청에는 책상으로 침상이 준비되어 있었다. 세계 여성의 날을 기념해서 하는 행사라고 현수막이 걸려 있었다. 내가 이것을 카톡에 올렸더니 서울 봉사실의 봉사자 한 분이 답글을 올렸다. "방글라데시나 키르키즈스탄에는 여성의 날 행사를 크게 하는데 필리핀도 그렇군요, 우리나라만 세계 여성의 날 행사를 약하게 하는 것 같아요." 그 봉사자는 오랫동안 코이카 봉사를 다닌 분이다. 서울 봉사실에는 주로 나이가 많은 만성 환자들이 많았는데 이곳은 경찰청이다 보니 젊은 사람들이 많이 왔다. 한 청년 경찰에게 구당의 무극보양뜸과 아시혈 뜸을 해 주었다. 청년이 치료가 끝난 후 침상에서 내려오면서 말했다.

"Happy. I'm happy. Mom."

나는 그 말을 듣고 눈물이 날 뻔했다. 이국땅 필리핀까지 멀리 와서 뜸을 떠 주었더니 젊은 청년이 행복하다고 했다. 감동이었다. 이런 것을 느끼라고 구당 할아버지는 그렇게 우리에게 봉사를 권했나 보다. 청년이 행복하다고 하니 나도 행복해졌다.

언젠가 읽은 행복에 관한 글이 생각났다. 대학교 심리학 시간에 강사는 학생들에게 풍선을 하나씩 주었다. 행복이라는 이름의 풍선이었다. 행복 풍선에 학생들은 각자 자신의 이름을 썼다. 잠시 후에 그 풍선을 교실에서 날린 후 자신의 이름이 적힌 행복 풍선만을 잡도록 했다. 교실은 그야말로 아수라장이었다. 시간이 걸려서 가까스로 학생들은 자신의 행복 풍선을 손에 잡았다. 그다음에 학생들은 다시 행복 풍선을 날렸다. 이번에는 행복 풍선을 아무것이나 하나 잡아서 그 이름이 적힌 사람에게 주도록 했다. 자신의 이름이 적힌 행복 풍선은 아까보다 훨씬 빠르게 본인들에게 왔다. 그 강의의 주된 내용은 남에게 행복을 주려고 마음먹으면 내 행복이 훨씬 빨리 온다는 것을 알리기 위함이라고 한다.

내가 청년의 말을 듣고 행복하다고 했더니 이 선생님도 이곳에서의 치료 경험을 이야기했다. 몇 년 동안 등이 굽어 땅만 보며 사는 환자가 왔는데 구당의 무극보양뜸과 독맥라인에 침과 뜸을 했다. 몇 달 후에 환자는 등을 펴고 하늘을 볼 수 있게 되었다. 하늘을 쳐다보고 감격하는 환자를 보면서 그 또한 행복했다고 한다.

문득 생각하니 하늘을 볼 수 있음에도 나는 하늘을 보지 않고 땅만 보면서 걷는 일이 많았다. 나도 하늘을 보면서, 감사하면서 걸어야겠다고 생각했다. 봉사를 끝내고 저녁 식사 후 숙소로 돌아오는 길, 필리핀 밤하늘에 환하게 빛나는 달이 있었다. 등을 펴고 걸으니 빛나는 달이 보였다.

부부

오래전의 일이다. 뜸사랑 봉사실에 머리가 하얀 아주머니 한 분이 오셨다. 몸이 아픈데 친척이 뜸사랑을 알려 주어 왔단다. 그분 등에 있는 폐유 고황 혈자리는 오래되어 희미했다. 떠 주는 사람이 없어서 그렇다는 답변이 왔다. 나는 그 아주머니의 말을 듣고 고개를 끄덕였다.

106세에 하늘나라로 가신 구당 선생님은 침술원 임상 80년을 보내며 무극보양뜸을 만들어 보급하기에 힘썼다. 누구나 하기 쉬운 뜸으로 병의 치료도 되고 예방도 되기 때문이었다. 다리에 있는 족삼리, 팔에 있는 곡지, 윗배에 있는 중완, 머리에 있는 백회, 등에 있는 폐유 고황, 아랫배에서 남자는 기해 관원, 여자는 중극 수도. 이렇게 8개 혈을 무극보양뜸이라는 이름을 정하고 뜸의 대중화에 앞장섰다. 대부분의 뜸자리는 앞에 있으니 그런대로 혼자서 할 수 있는데 등에 있는 폐유 고황

이 문제다. 누구의 힘을 빌리지 않으면 힘들다.

  그 아주머니의 주소를 보니 전주였다. 그런데 옆자리에 머리가 하얀 아저씨 한 분의 주소를 확인한 순간 주소가 같은 전주인 것을 알았다. 구당 선생님 살아계실 때 뜸사랑 봉사실에서는 누구에게나 뜸자리를 표시해 주었다. 그래서 어떤 효자는 자신의 부모님을 모셔 오면서 동네 사람 여러 명을 봉고차에 모셔오기도 한다. 그런 경우인 줄 알았다. 전주에서 여기까지 왔냐고 물었더니 집은 전주인데 당분간 서울에 오피스텔을 얻어서 지낸다고 했다. 뜸사랑에 일주일에 한 번씩 오려고 일부러 얻은 것이라 했다. 그런데 알고 보니 두 분은 서로 부부였다. 서로 등에 뜸을 떠 주지 않고 각자 데면데면 살고 있는 거였다. 전주에서 서울까지 같이 와서 같은 공간에 있으면서도 말이다. 그 부부를 보면서 예전에 방송에서 본 장면이 생각났다. 예능프로그램에서 부부가 나와서 한 사람이 설명하면 다른 사람이 그 단어를 맞추는 게임이었다. 천생연분이라는 단어가 나왔다. 할아버지가 설명했다.

  "우리 같은 부부"

  할머니가 답했다.

  "원수"

  할아버지가 다시 설명했다.

  "네 글자"

  할머니가 자신 있게 답했다.

  "평생 원수"

그 화면은 오래도록 사람들의 이야기에 오르내렸다. 나도 보면서 여러 번 웃었다.

골목에서 유행가 노랫소리가 들렸다. '비가 와도 좋아. 눈이 와도 좋아. 바람 불어도 좋아. 나는 당신이 좋아.'라는 가사였다. 그러나 부부로 살아 보니 가정생활을 해 나가기엔 눈, 비가 오거나 바람 부는 날은 좋지 않았다. 아마 그 부부는 지금이 그런 시절 아닌가 나는 생각했다. 봉사실에서 보니 배우자가 아프면 서로 등에 뜸을 잘 떠 줄 것 같은데 실상은 그렇지 않다. 부부들도 독거노인들과 별반 다를 것이 없었다. 불이 무서워서 못 떠 주겠다, 연기가 싫어서 못 해 주겠다 등의 핑계를 댄다.

봉사가 끝나면 봉사자들끼리 서로 등에 뜸을 떠 준다. 누군가 내 등의 뜸자리를 보고 지난번에는 뜸자리가 예뻤는데 이번에는 들쑥날쑥 삐뚤삐뚤 누군가 화가 나서 떠 준 것 같다고 했다. 지난번에는 딸이 떠 준 것이고 이번엔 남편이 떠 주었다고 말하고 한참을 웃었다. 집에 와서 그 이야기를 했더니 남편이 시무룩하다. 자신은 힘들어도 열심히 했는데 그런 평가를 받았다니 이제 안 해 주고 싶단다. 나는 놀라서 당신이 처음이라 그런 거고 오히려 초심자들은 정성을 다하니 그 기운이 더 병을 잘 낫게 한다고 다독거렸다. 부부는 역시 힘들구나. 생각했다.

오래된 잡지에서 구당 선생님이 봉사하는 모습을 보았다. 한 부부랑 같이 찍은 사진에 눈길이 갔다. 팔다리가 없는 남편과 그 아내를 구당 선생님이 격려해 주는 사진이었다. 남편은 고압선 사고로 양팔과 다리

하나를 잃어버렸다. 그 당시에 약혼녀였던 여인은 양쪽 집안의 반대에도 불구하고 남자를 간호했다. 남자는 의식이 돌아왔고 그녀에게 떠나라고 했다. 모두의 반대를 뚫고 힘겹게 결혼했다. 그러나 남편은 잃어버린 팔다리에서 오는 극심한 환상통에 평생 시달렸고 그 고통에 못 이겨 고함을 치면서 왜 살려냈느냐고 아내에게 욕을 하기도 했다. 아내는 시름시름 앓기 시작했다. 불면증과 우울증과 갑상선 이상이 왔고 잠도 잘 수 없고 밥도 먹을 수 없었다. 부부가 병원에 가면 사람들은 남편이 환자인 줄 알았다. 병원 약은 많아졌는데 그녀의 몸은 나아지지 않고 점점 말라 가늘어졌다. 보다 못한 이웃이 뜸사랑에 데리고 가 뜸자리를 잡고 그 이웃이 뜸을 떠 주었다. 그러자 아내가 잠을 자기 시작했고 식사를 조금씩 하기 시작했다. 그것을 본 남편이 자신이 아내에게 뜸을 떠 주겠다고 했다. 이웃에게 매일 신세 지는 게 미안했단다. 아내가 쑥으로 뜸봉을 먼저 만들어 놓고 향에도 불을 붙여 놓고 아내는 바닥에 엎드린다.

　남편은 아내의 등에 있는 폐유 고황 혈자리에 혀로 침을 묻히고 입으로 핀셋을 물고 조심조심 뜸봉을 잡아 혈자리에 올려놓는다. 그다음 아내가 미리 불을 붙여 놓은 향을 입에 물고 뜸봉에 불을 붙인다. 재만 남으면 아내가 적셔 놓은 거즈를 입에 물고 그 재를 닦는다. 그 과정이 사진으로 쭉 나와 있었다. 그렇게 열심히 아내에게 뜸을 떠 주자 아내의 몸이 점점 좋아지기 시작했다. 아내는 남편도 뜸 뜨기를 권장했고 남편 또한 뜸을 뜬 후에 극심했던 환상통에서 해방될 수 있었다. 그 부부는 구당 선생님을 직접 한 번 만나 치료를 받아 보는 것이 소원이었는데 그 소식을 들은 구당 선생님이 그 부부를 직접 찾아가서 치료도 해주고 이야기를 나누는 사진이었다. 그 사진을 보고 글을 읽는데 눈물이 절로 나왔다. 부부란 참 위대하구나.

　방송에 나온 스님이 말씀하셨다. 수많은 전생의 인연이 닿아서 부부가 된다고 한다. 현생에서 잘 풀어야지 후생에서 다시 만나지 않는단다. 그렇지 않으면 그 빚을 갚기 위해서 부모 자식으로 만나기도 하고 다시 부부로 또는 형제자매로 아니면 친구로 만나기도 한단다.

　옛날에 친정아버지가 나에게 '너희 부부는 무해무득'이라고 했다. 서로 해도 없고 득도 없는. 그것 또한 부부이리라 생각했다.

나가는 바보

나는 주중에는 집에 있는 날이 없다. 월요일은 동사무소 요가반에 간다. 화요일은 평생학습관 문학교실에 가고 수요일은 동사무소 서예반에 가고 목요일은 뜸사랑 봉사실에 가고 금요일은 손자를 보러 간다. 이렇게 나의 일정은 꽉 차 있다. 언젠가 아파트 옆집 아줌마를 마주친 적이 있다. 그분이 내게 물었다.

"매일 나가는 것을 보니 돈 벌러 나가나 본데 나도 데려가면 안 돼요?"

나는 깜짝 놀라서 손사래를 쳤다. 돈 버는 일은 아니라고 답하니 그분이 시무룩해서 갔다. 그 말이 가끔 생각나서 나는 혼자서 웃곤 한다. 남편은 내가 이렇게 싸돌아다니는 것을 좋아하지 않는다. 아무래도 집안 살림에 빈틈이 많기 때문이다. 할 말이 없는 나는 웃으며 이렇게 응수

한다.

"집에 있는 천재보다 나가는 바보가 낫대요."

누군가 나에게 해 준 말인데 나에게 큰 위로가 되었다. 이런 말이 진짜 있냐고 주변에 물었더니 이웃 언니와 시어머님이 고개를 끄덕이며 정말 있는 말이라고 했다. 속담처럼 쓰는 말이란다. 우리나라 속담 사전에 찾아보니 아쉽게도 없었다. 인터넷에서 보니 몽골 속담에 '가만히 있는 천재보다 움직이는 바보가 낫다'는 말이 있다고 되어 있었다. 그래도 이런 말이 있어서 사람들이 쓴다는 것에 회심의 미소를 지었다. 나는 집에만 있지 않고 열심히 나가는 바보라고 생각했다.

이렇게 일정이 많다 보니 자연히 아는 사람도 많다. 밥이나 차를 마시면서 이런 이야기 저런 이야기를 주워듣게 된다. 돌아가신 시아버님을 서울 현충원에 모신 것도 동사무소 공부방에서 만난 한 여인의 이야기를 들었기에 가능한 일이었다.

여인은 말했다. 자신의 돌아가신 아버지는 6·25 상이용사였는데 그것을 매우 부끄럽게 여겼다. 우리들의 어린 시절에는 여기저기에서 상이용사들이 행패를 부리면서 다녔다. 전쟁에 나가 팔다리는 잃었는데 나라에서 해 주는 것이 없었다. 그들이 동네에 나타나면 시골 동네는 한동안 소란스러웠다. 그들은 몇 명씩 무리지어 다니면서 돈을 달라, 음식을 달라 투정을 부렸다. 그 여인의 아버지는 비록 신체를 다쳤지만 그런 사람들의 행태를 보았기에 자신이 그런 사람들과 같은 부류로 그들과 같은 대접을 받는 것을 싫어했다. 그래서 나라에 어떤 신청도 하지 않았다. 폼생폼사! 폼 나게 살고 폼 나게 죽겠다고 그녀의 아버지는 항상 말했다. 그녀의 아버지 말년에 6·25 참전 용사들에 대한 처우가 생겼다. 그러나 그녀의 아버지는 신청하지 않았다. 아버지가 돌아가신 후 장녀인 그녀는 보훈처로, 국방부로 여기저기 다니면서 처리를 했는데 본인이 살아계실 때 했으면 일사천리로 되었을 일이 몇 년이 걸렸다고 했다.

나는 그 이야기를 유심히 들었고 그런 일은 몇 년이 걸리는 구나 생각했다. 나중에 돌아가신 시아버님의 경우가 우연히 이에 해당된다는 것을 알게 되었다. 그 여인의 말이 많은 참고가 되었다. 나의 남편과 아들은 국방부에서 시아버지의 군번을 찾을 수 없어 참전을 알 수 없다는 답변을 듣고 포기했다. 그 당시는 주민등록번호가 정비가 안 되어 있어서 찾기가 힘들다고 했다. 나는 그 여인의 경우를 보았고 몇 년이 걸린다는 것을 알았기에 포기하지 않았다. 2년이 흘러 시아버지의 군번을 찾았고 군 복무 20년과 참전이 인정이 되어 서울 현충원으로 모실 수 있었다.

올해도 어김없이 6·25가 다가왔다. 뜸사랑 봉사자 카톡방에 6·25에 대한 이야기가 올라왔다. 나는 우리 시아버님이 현충원에 계신데 살아생전 혜택을 볼 수 없었다고 말하고 시어머니는 살아계신데 나라에서 아무런 금전적 혜택이 없다고 했다. 봉사자 한 분이 답을 올렸다. 대령으로 예편하신 봉사자였다. 요즘 다시 처우가 달라졌으니 보훈청에 다시 전화를 해 보란다. 나는 다시 전화를 넣었다. 보훈청에서는 아무것도 없는데 지자체별로 별도로 주는 것이 있으니 동사무소에 가 보라고 한다. 나는 보훈처에서는 왜 그런 안내조차 왜 해 주지 않았느냐고 항의를 했지만 본인들 업무가 아니라는 답변만 들었다. 무슨 일이든지 스스로 알아서 해야 하다니, 딱하기만 했다.

　동사무소에 국가유공자증과 어머니의 여러 서류를 가지고 직접 찾아갔더니 '참전용사명예수당'이란 것이 생겼고 지자체별로 주는 곳도 있고 안 주는 곳도 있는데 의정부에서는 매달 10만 원씩을 준다고 했다. 나라를 위해 참전했지 지자체를 위하여 참전한 것도 아닌데 참 이상하기도 했다. 그것조차도 올 3월부터 새로 생긴 제도라고 한다. 그전에는 당사자한테만 주는 것이었는데 배우자에게 확대한 것이란다. 아무 연락도 받지를 못해 신청을 못했으니 소급 적용해 달라 해도 안 된다는 답변만 들었다. 아무런 연락도 해 주지 않고 알아서들 찾으라니 참 난감한 일이다. 나처럼 뜸사랑 봉사자 카톡방이 없으면 어디서 이런 정보를 얻을 것인가. 어머니는 이렇게라도 받을 수 있게 되었다고 기뻐하셨다. 내가 집에 있지 않고 나가는 바보라서 얻은 결과라고 나는 생각한다.

　코이의 법칙이 있다. 비단잉어의 한 종류인 코이는 어항에서 키우면 5~8cm, 수족관에서는 15cm정도, 연못에서는 25cm정도 자라는데 강에서는 120cm 크기로 자란다고 한다. 그 물고기는 성장억제호르몬으로 상황에 맞게 자신의 몸 크기를 정한다고 한다. 이렇게 사람 또한 주변 환경에 따라 달라질 수 있다는 것이 코이의 법칙이다.

사람들이 모이면 여러 가지 다른 의견을 들을 수 있다. 나는 붉다고 이야기하지만 어떤 사람에게는 노랗게 보이는 경우도 있다. 다른 사람의 의견이 왜 나와 다른 가를 다시 생각해 보게 된다. 저절로 사고의 깊이가 달라진다. 내가 이만큼이나마 성장할 수 있었던 것도 많은 사람들을 만났기 때문이라고 생각한다.

나는 오늘도 열심히 나간다. 천재가 아니기 때문이다. 나는 움직인다. 내가 바보라는 것을 알기 때문이다.

온몸으로 글쓰기

　나는 늘 쓰고 싶은 것이 많았다. 이런 일 저런 일… 내가 겪은 일과 주위 사람들이 내게 들려준 수없이 많은 이야기들… 다 내 주변 이야기들이었다. 사람들은 그것을 신변잡기라고 불렀다. 신변잡기라는 말을 들을 때마다 한편으로는 이런 이야기를 쓰는 것이 무슨 쓸모가 있을까 생각이 들었다.
　어느 날 문학 교수님이 수업 시간에 말씀하셨다. 인공지능의 시대, 과연 우리는 "무엇을 써야 하는가."에 대한 이야기였다. 유명한 세계적인 프로 바둑기사와 공개적으로 게임을 해도 이기는 인공지능, 그들이 글도 쓰기 시작했다. 소설도 쓰고 시도 쓴다. 그들이 쓴 글들이 유명한 작가들 작품처럼 뛰어나다고 했다. 그런데 그들이 쓰지 못하는 것이 있단다. 바로 나의 이야기. 그들은 나를 모르니 나의 이야기는 나만이 쓸 수 있다고 했다. 그 말을 듣는데 감동이 밀려왔다. 그렇구나, 나의 이야기는 나만이 쓸 수 있구나. 나는 다시 힘을 내기로 했다.

강원도에 혼자 계시던 어머니가 요양병원에 들어가고 몇 달이 지났을 때 고향의 이웃집에서 전화가 왔다. 비어 있는 어머니 집에 도둑이 들었다고 했다. 어머니 집 방충망이 뜯어지고 창문이 열려 있단다. 어머니가 계실 땐 매주 빠지지 않고 가던 고향 집이다. 그런데 도둑이 들었다니 갑자기 무서운 생각이 들어 도저히 혼자서 갈 수가 없었다. 주말까지 기다리기엔 너무 기간이 멀다. 다섯 명의 동생들에게 같이 가자고 하소연을 했다. 동생들은 직장 일로 다 바쁘다고 했다. 할 수 없이 가족 카톡에 올렸더니 결혼한 아들이 하루 휴가를 내고 같이 가자고 한다. 말할 수 없이 고마웠다. 이 소식을 들은 동생들도 아들 잘 키웠다고 칭찬을 했다. 직장 생활로 바빠 같이 가 주지 못하는 동생들의 안타까운 마음, 편치 않은 마음이 칭찬 속에 고스란히 담겨 있었다.

고향 집에는 낯선 사람이 여기저기 휘저은 자국들이 곳곳에 있었다. 누군가 들어와서 라면을 끓여 먹고 그 냄비를 그냥 팽개쳐두었고 서랍과 냉장고 문도 열려 있었다. 오싹한 마음에 정신이 아득해서 물끄러미 바라보고 서 있는데 경찰이 왔다. 경찰은 여기저기 살펴보더니 없어진 귀중품이 무엇이냐고 물었다. 그런데 나는 알 수가 없었다. 어머니는 귀중품에 대해서 말씀하신 적이 없었고 나도 관심을 두지 않았기 때문이었다. 아마 보석 한두 점은 있었을 것이다. 내가 해 드렸던 비취 반지와 목걸이도 예전엔 있었고 동생들이 해 준 금반지도 있었으니까. 그러나 아득한 옛날 일이다. 나는 경찰에게 어떤 귀중품이 없어졌는지 잘 모르겠다고 했다. 경찰은 의아하다는 듯이 나를 쳐다보았다.

그날 나는 아들 차를 타고 돌아오면서 나에겐 어떤 귀중품이 있을까를 생각했다. 내가 생각하기에 나는 반지도 아니고 귀걸이도 아니고 내 글이 아닐까 생각했다. 어머니와 함께했던 소중한 순간들, 가족 이야기, 친구 이야기, 이웃 이야기… 누가 뭐라 하던 나는 내 글을 내 귀중품이라 생각하기로 했다. 그래서 몇 년 동안 망설이고만 있던 내 글들을 오래간만에 책으로 묶었다.

내 책을 묶어 내면서 이덕무의 《이목구심서耳目口心書》를 읽었다. 귀로 듣고 눈으로 본 것, 말로 하고 마음으로 느낀 것을 쓴 글. 지금의 수필이라 할 수 있다. 많은 책을 읽었으나 자신을 책만 읽는 바보라는 뜻의 '간서치看書痴'라고 스스로 불렀다는 이덕무. 그의 글은 일상에서 쓴 것이지만 빛나고 있었다.

《이목구심서》 한문을 한글로 해설한 책 《문장의 온도》에서 작가는 말했다. 글은 온몸으로 써야 한다고. 온몸으로 글을 쓴다는 것은 '나 자신을 쓰는 것이고' 나의 삶을 쓰는 것이라고…. 머리로만 글을 쓰는 사람은 애써 꾸미거나 자꾸 다듬으려고 할 것이고 심장으로만 글을 쓰는 사람은 자신의 뜻과 기운을 어떻게든 새기려고 힘쓸 것이니 이것은 가식이고 인위적인 것이라 했다. 그러나 온몸으로 글을 쓰는 사람은 자신의 몸 구석구석 가득 쌓여 있는 말과 글을 도저히 참거나 막을 수 없어 토하고 뱉어내는 것이므로 이것은 자연이고 천연이므로 글이란 마땅히 온몸으로 써야 한다고 했다.

내가 아파서 누워 있을 때 나의 소소한 일상이 얼마나 소중한 것인가를 사무치게 느낀 적이 있다. 이처럼 정말로 삶이 힘들 때 우리를 위로해 주는 것은 거대한 담론이 아니라 사람들의 소소한 일상을 다룬 글이라는 말에 나는 고개를 끄덕였다.

인공지능이 따라오지 못한다는 나의 글쓰기. 앞으로도 나는 내 주변 사람들과 내가 겪었던 일, 그리고 내가 만나는 사람들의 이야기를 쓸 것이다. 인공지능이 쓰지 못하는 나만의 이야기, 온몸으로 쓰겠다.

제2부

한 줄기 빛

　나는 몸이 약하게 태어났다고 한다. 어머니는 내가 어머니 뱃속에 있을 때 피죽도 제대로 못 먹어서 그렇다고 했다. 어찌나 작고 약했던지 태어난 아기를 보고 괜찮다고 하는 이가 하나도 없었단다. 체격이 왜소하고 볼품이 없어서인지 인물조차 형편이 없었고 걸음도 늦게야 겨우 했단다. 아버지 말씀으로는 앞에서 자분자분 걸어가면 아버지 걸음에 밟힐 것 같아서 그 불안감에 나를 앞세우고 걷게 하지도 못했단다. 아버지는 그 당시로는 상당히 키가 큰 편에 속해서 180cm 가까이 되는 장신의 소유자였다.

　그렇게 병약하고 심약하게 커서인지 나는 무슨 일이든 야무지게, 똑 부러지게 하지 못했다. 무슨 일이든 그저 편한 대로, 대강대강 하다 보니 마무리를 짓지 못하는 일이 많았고 아쉬운 일이 많았다. 나중엔 모든 일이 후회의 연속이었다. 학교 공부가 그랬고 직장 생활이 그랬고 삶이 그랬다. 언제나 후회하느라 밥도 잘 먹지 못하고 끙끙 앓았던 일이 많았고 잠을 못 이루고 뒤척이던 시절도 많았다.

　가정 경제가 어려웠을 때 나는 근심 걱정으로 몸져 누워 있는 날이 많았는데 그럴수록 몸과 마음의 건강이 더욱 나빠졌다. 보다 못한 고향 친구가 구당 할아버지의 무극보양뜸을 알려 주었다. 나는 그 친구의 도움으로 뜸을 배울 수 있었고 내 몸에 스스로 뜸을 뜨면서 겨우 몸과 마음을 가다듬을 수 있었다. 그리고 누워서 텔레비전만 보고 있던 자리에서 일어나 내가 무엇을 할 수 있을까를 생각했다. 일기 쓰듯이 글은 쓸 수 있을 것 같은 생각이 들었다. 내가 학교 다닐 때 가장 칭찬을 받고 즐거워했을 때가 백일장에 나가서 상 받은 일이었다.

　가만히 일어나 아들 책상에 앉아서 글을 쓰기 시작했다. 내가 쓴 글에는 내가 실수한 일에 대한 많은 후회가 담겼다. 그러다 보니 우주나 철학을 논하는 차원 높은 글은 되지 못하고 내 주변의 사소한 일이 글의 주가 되었다. 이렇게 부끄러운 글을 써도 되는가 생각을 하면서 주저하기도 했지만 그 조잡한 글쓰기가 내 안에 쌓인 서러움을 해소하고 내 마음의 건강을 찾아주는 작은 방법이 되었기에 그만둘 수가 없었다.

　나는 마음이 건강해지면서 몸도 건강을 되찾았다. 어디에선가 읽은 글이 생각났다. 쥐를 깜깜한 상자에 가둬 두면 3시간 안에 죽는다고 한다. 그러나 그 상자에 작은 구멍을 하나 뚫어 그 안으로 빛이 들어오게 하면 3일 이상을 버틴다고 한다. 온 세상이 깜깜하게 느껴지던 나에게 글쓰기는 그 한 줄기 빛이 되었나 보다. 나는 그 힘든 시절을 버티고 또 버틸 수가 있었다. 내가 느꼈던 그런 효과가 검증이 되었는지 요즘에는 글쓰기가 심리 치료의 한 방법으로 사용되기도 한다는 말을 들었다.

나에게는 왜 이렇게 후회가 많은가 생각하고 있을 때 유명한 스님의 설문을 들었다. 지난 일을 되돌아보며 잘못을 뉘우치는 것을 후회라고 하는데 지난 실수가 잊히지 않고 그것 때문에 괴로움이 지속된다면 그것은 반성이 아니라 잘못을 한 자신을 아직 인정하고 싶지 않은 것이란다. 그 말을 듣는데 갑자기 나의 머릿속으로 번쩍하고 빛이 스치고 지나가는 느낌을 받았다.

스님의 설명은 이어졌다. 후회로 괴로워하는 것은 자기 자신이 그런 잘못을 할 리가 없는 현명한 사람인데 그런 잘못을 저질렀다는 사실을 받아들이지 못하는 것이란다. 후회란 잘난 나에 비추어 잘못한 과거의 자신을 미워하는 것이라는 내용이었다. 남의 잘못을 용서하지 못하는 게 미움이라면 자기 잘못을 용서하지 못하는 것이 후회란다. 나는 가슴이 멍해져서 듣고 있었다. 그러고 보니 후회가 많은 나는 내 자신의 잘못을 용서하지 못하고 살고 있던 거였다.

후회하면서 자신을 미워하지 않으려면 먼저 인간은 누구나 완전하지 않다는 것을 알아야 한단다. 과거 자신의 잘못을 깨닫고 그때 그런 수준이 나라는 현실을 인정하고 받아들이면 후회하며 괴로워하지 않는다는 설명이 이어졌다. 지나간 일을 후회하거나 자책하는 대신 "내가 잘못했구나. 다음에는 같은 실수를 하지 말아야지." 하면서 자신의 잘못을 미래의 교훈으로 삼는 것이 현명한 삶의 자세라고 했다. 그 설명을 듣고 있는데 주체할 수 없이 눈물이 흘렀다.

그러고 보니 나의 글쓰기는 이것의 연속이었다. 내가 잘못했다는 것을 받아들이는 것. 그리고 같은 실수를 하지 말아야지 하고 다짐하는 것. 그것이 나에게 한 줄기 빛이 되어 주었다. 내가 글을 쓰는 이유였다.

곤지곤지 잼잼

　친구가 나에게 자신의 손녀 동영상을 보여주며 은근히 자랑을 한다. 친구의 딸은 캐나다로 유학을 갔다가 그곳에서 교수님의 프러포즈를 받고 결혼했다. 일 년에 한두 번씩은 꼭 한국에 왔는데 몇 해 동안 코로나로 길이 막혀 못 오다가 모처럼 왔다 갔단다. 손녀가 태어났지만 돌이 다 되어서야 손녀를 본 것이다. 내 친구는 손녀에게 곤지곤지 잼잼을 가르쳐 주었다고 한다. 손녀는 신기하게도 잘 따라했고 그 귀엽고 앙증맞은 모습에 할머니는 웃음을 터트리곤 했단다. 그 후에 손녀는 캐나다로 돌아갔는데 한국의 할머니와 영상통화를 할 때면 손녀는 말은 못하면서도 할머니에게 꼭 곤지곤지 잼잼을 해 보인단다. 할머니가 가르쳐 준 것을 잊지 않고 해 보이는 어린 손녀의 그 모습이 너무도 기특해서 폭풍 칭찬을 해 주고 함박웃음을 짓는다고 했다. 곤지곤지 잼잼을 하는 그 모습은 "할머니 사랑합니다."라는 말 같기도 하고 "당신을 잊지 않고 있어요."라는 말 같기도 해서 친구는 가슴 뭉클하단다.

우리 어른들은 아기들에게 곤지곤지, 잼잼, 짝짜꿍…을 한다. 나도 우리 아이들 클 때와 손자들에게도 했었고 자랄 때는 어린 동생들에게 그것을 노래처럼, 놀이처럼 했던 기억이 난다. 곤지곤지가 무슨 뜻일까? 갑자기 알고 싶은 생각이 들었다. 이곳저곳을 찾아보니 우리가 늘 해왔던 도리도리 짝짜꿍 곤지곤지… 이것은 우리 민족의 고유의 전통 놀이였다. 누가 언제 만들었는지는 알 수 없지만 단군시대부터 있었다는 설이 유력하다고 한다. 왕족들과 귀족들의 교육 방식으로 단동치기(檀童治基: 아이를 튼튼하게 다스리는) 십계훈+戒訓에서 유래된 놀이, 열 가지 가르침, '단동십훈'이다. 이 십계훈은 아기가 태어나서 혼자서 걸을 때까지 적합한 교육적 자극을 준다고 한다.

도리도리道理道理는 아기들이 머리를 좌우로 흔드는 동작인데 아기에게 목운동을 시키기 위한 놀이이다. 인간의 도리를 잘 배워야 한다는 뜻을 담고 있단다. 나는 이 뜻도 모르면서 수많은 도리도리를 시켰다. 가만히 혼자 도리도리를 해 본다. 나는 인간의 도리를 잘하고 있는가. 생각에 빠진다.

곤지곤지는 건지곤지乾知坤知인데 왼손을 활짝 펴서 오른손 검지로 왼쪽 손바닥을 콕콕 찌르는 놀이인데 눈과 손의 협응력을 기를 수 있다고 한다. 건은 하늘, 곤은 땅인데 하늘과 땅의 이치를 깨달아 바른 일을 행하라는 의미이다.

지암지암持闇持闇은 다섯 손가락을 모았다, 폈다 하면서 손가락 근육의 발달을 돕게 하는 것이다. 잼잼은 지암에서 유래된 말로 참된 것은 잡아서 실천하고 잘못된 것은 가려서 멀리하라는 의미이다.

짝짜꿍은 작작궁작작궁作作宮作作宮에서 유래되었다고 한다. 두 손을 활짝 펴서 마주치는 동작인데. 손뼉을 마주치는 것은 신체 각 기관의 기능을 활성화하여 건강을 증진한다. 모든 일은 만들어 가는 것이니 넓게 보고 깊게 생각하라는 의미이다. 또 "부모가 짝이 되어 너를 낳았으니 기뻐하라."라는 뜻이라고도 한다.

불아불아弗亞弗亞는 아기가 앉아 있거나 서 있을 때 몸을 좌우 또는 앞뒤로 흔드는 동작인데 모든 세상을 비추고 만물에 빛을 주는 사람이 되어야 한다는 의미라고 한다.

시상시상侍上侍上은 아기를 무릎 위에 앉혀놓고 앞뒤로 흔들면서도 부르고 젖을 먹이며 토닥거릴 때도 불렀던 노래로 몸과 마음은 하늘과 땅과 부모에게서 받은 것이므로 하늘을 섬기듯이 웃어른을 공경하라는 의미란다.

섬마섬마용타瞻摩瞻磨庸는 아기 겨드랑이를 잡아 주고 서 보게 하거나 무릎을 구부렸다 폈다 하면서 다리에 힘을 기르고 균형을 잡아 주는 놀이로 섬마는 몸을 연마하면 넉넉함이 있다는 의미이고 용타는 사람으로서 땅 위에 서게 된 일은 떳떳하고 자랑스러운 일이라는 의미라고 한다.

업비업비業非業非는 아기가 위험한 물건을 가지고 놀거나 만지려고 할 때 못하게 하려고 우리가 쓰는 "에비에비…"에서 유래된 말이며 자연 이치와 섭리에 맞지 않으면 벌을 받게 된다는 의미이다.

아합아합亞合亞合은 손바닥으로 입을 막았다 뗐다 하며 소리를 내는 것인데 두 손을 가로 모아 잡으면 亞자의 모양이 되어 '천지의 완전한 질서가 내 몸속에서 하나가 되는 것'을 의미한다.

질라아비훨훨의秩羅亞備活議는 아기가 첫걸음을 뗄 무렵에 하는 두 팔을 자유롭게 흔드는 운동인데 아기에게 균형감각을 갖게 한다. 아기가 팔을 흔드는 모습이 마치 나비가 날갯짓을 하는 듯해서 붙여진 말로 '우리 아기에게 어떤 질곡도 병마도 오지 말고 훨훨 날아가 버리라'는 의미라고 한다.

아기들에게 하는 말이라고 생각했는데 알고 보니 다 어른들에게 하는 의미 있는 말이었다. 문학교실에서 물어보니 나보다 나이가 많은 언니들은 이 열 가지를 다 안다고 했다. 나도 대략 알고는 있다. 그러나 나보다 어린 사람들에게 물어보니 아는 게 몇 개 없었다. 요즘 세대들은 아마 더 모를 것이다. 우리의 이 전통육아법은 아기와 신체접촉을 하면서 하는 놀이이다. 요즘은 이렇게 아기와 직접 접촉을 하는 대신 장난감이나 놀이기구로 때우려는 경향이 많아서 이런 놀이도 잊혀져가는 것이 아닐까.

친구의 손녀는 한국의 할머니가 알려 준 곤지곤지 잼잼을 기억하면서 캐나다에서 단군의 자손으로 잘 자랄 것이리라 믿는다.

걸음걸이

공부방이 끝나고 우루루 몰려가는 중이었다. 잠시 뒤쳐져서 오던 후배가 내게로 다가왔다.
"언니, 왜 그렇게 걸어요. 걸음걸이가 이상해요."
후배는 내 걸음걸이를 흉내 내었다. 안짱걸음이었다. 나는 갑자기 창피했다. 아직도 내 걸음은 이 모양이구나. 단체 일본 여행을 간적이 있었다. 버스가 휴게소에 들러 물건도 사고 차도 한잔 마시고 화장실을 가게 되었다. 손을 씻으며 "물이 따뜻하네." 한마디 했더니 옆에 있는 사람이 "한국 사람이에요?" 하면서 깜짝 놀란다. 내가 일본 사람인 줄 알았단다. 어안이 벙벙해서 그녀를 바라보니 행동거지가 일본 여자 같았다는 거였다.
"일본 여자란 어떤 모습인가요?"

버스에 올라 옆 사람에게 물었더니 조신하고 안짱걸음으로 걷고 키가 작은 사람이라는 답이 돌아왔다. 내 걸음걸이 때문이구나. 그 후 나는 걸음걸이를 고치느라 신경을 썼는데 그대로인 모양이었다. 후배는 걸음걸이가 건강과 밀접하게 연관되어 있어 고쳐야 한단다. 고관절과 허리도 틀어져서 여기저기 아프게 되니 두 발로 11자가 되게 걸으라고 했다.

많은 국가의 정보기관들은 자국 대통령의 걸음걸이를 잘 살펴보는 것이 중요한 일이고 가장 예민하게 살펴보는 부분이란다. 걸음은 인간의 뼈와 신경 근육 등 골격계가 모두 관여하는 총집합체 같은 것이라 걸음걸이를 분석하면 어디에 문제가 있는지 어느 정도는 알 수 있다. 또한 걸음걸이는 한 사람의 선천적인 심리와 미래의 운세를 대변하는데 걸음걸이만으로도 얼마나 오래 건강하게 살 수 있는지 알 수 있고 활력징후는 체온, 호흡, 맥박, 혈압 수치를 말하는데 걷는 속도도 바이탈 사인 즉 활력징후라고 한다.

우리 선조들은 관리를 뽑을 때 신언서판身言書判이라 해서 신체를 맨앞에 두었다. 건강하고 반듯한 몸이 첫 번째였다. 말투, 글씨, 판단력은 그 다음이다. 몸을 먼저 보았으니 당연히 관상도 중요하다. 그런데 관상이란 것이 얼굴에 나타나는 것만이 아니라 그 사람의 전체적인 모습과 더불어 행동까지 관상이다. 결국 심리학이나 의학과도 깊은 연관이 있다. 사람의 속마음이 걸음에 나타나므로 걸음걸이는 귀천을 분별하는 기준이 된다. 등을 세우고 가슴을 펴고 어깨에는 힘이 들어가지 않아야 한다. 당당하게 성큼성큼 걷는 사람은 든든해 보이고 품위 있고 품격이 높아 보인다. 가슴을 오그리고 걷는 사람은 자신감이 약하고 운기도 약해진다. 동물의 모습으로 비유하기도 했는데 호랑이처럼 보폭이 넓으면서 힘 있고 위엄 있게 걸으면 부귀한 걸음걸이, 학처럼 살펴 걸으면 실수가 없고 속이 깊으며 지혜가 있는 신중한 사람, 소처럼 꾸준히 앞만 보고 걷는 사람은 자신의 목적을 달성하고 반드시 지위가 확고해진단다.

시간이 지나도 내 걸음은 제자리걸음이다. 답답해진 후배가 다른 처방을 내려주었다.

"놀부 걸음으로 걸어 보세요."

손을 뒤로 가져가 뒷짐을 지고 팔자걸음을 걸어 보란다. 뒷짐을 지면 어깨가 저절로 펴진다. 소심하게 자라 온 나는 어깨가 굽은 편이다. 천천히 팔자걸음으로 걸어 본다. 발의 방향이 바깥으로 가서 안짱다리의 반대가 되니 내 걸음걸이가 많이 완화될 것이라 했다. 나는 그날부터 놀부의 걸음을 흉내 내며 걷고 있다. 뒷짐을 지고 천천히… 차마 에헴 소리는 내지 못하지만 재미있었다. 어느 날 지인을 만났다. 그녀는 뒤에서 나를 보았는데 나인 줄 전혀 몰랐다고 한다. '뒷짐을 지고 천천히 걷고 있는 저 노인네는 누구인가? 아는 사람과 비슷하네.' 이렇게 생각했단다. 왜 나이를 엄청 많이 먹은 노인네처럼 그렇게 걷느냐고 큰소리로 타박을 했다. 나는 이제 어떻게 걸어야 하나.

갈팡질팡 걷다가 문득 생각한다. 우리 선조들은 그 모든 관상보다 심상心相이 최고라고 했다. 마음이 아름다운 것. 그래 걸음이 대수냐. 착한 마음으로 살아 보자. 그런데 참 이상하다. 왜 우리 선조들은 이 글자를 썼을까, 이 相 자는 서로 상이다. 나는 용모나 모양을 나타내는 '형상 상像' 자를 쓰겠거니 생각했었다. 왜 서로 상을 썼을까. 사람은 상대에 따라 변해간다는 뜻일까.

관상학을 집대성한 마의선사는 책을 다 지었을 때 한 총각을 만났다. 얼마 안 있어 죽게 될 상이었다. 더 이상 일도 하지 말고 번 돈으로 잘 먹고 쓰고 가라고 충고했다. 총각은 탄식하며 막 살다가 어느 날 계곡에 앉아 있는데 물에 떠내려 오는 나무토막 위에 개미들이 빠지지 않으려고 발버둥치고 있는 것을 보았다. 마치 자신의 처지와 같이 생각되어 살려 주었다. 그 일을 겪은 후 마음도 고쳐먹고 다시 성실히 살았다. 한 달여 지난 후 마의선사가 그 총각과 다시 마주쳤는데 그의 관상에서 죽음의 그림자는 사라지고 부귀영화를 누리는 관상이 되어 있었다. 총각의 이야기를 들은 마의선사는 다 써 놓은 책의 맨 뒤에 덧붙였다. "관상불여심상觀相不如心相 심상불여덕상心相不如德相" 관상은 마음상만 같지 못하고 마음상은 덕상만 같지 못하다.

그 덕은 베풂에서 온다고 했다. 문득 재물이 없어도 베풀 수 있는 덕이 있으니 얼마나 다행인가 생각했다. 눈으로는 남의 좋은 것을 보자. 환한 미소를 짓자. 좋은 말을 하자…. 이렇게 매사 생각하며 살다 보면 내 걸음걸이도 좋은 모습으로 달라지겠지.

꽃구경

봄에는 뜸사랑 봉사실에서 꽃구경을 간다. 올해는 창경궁에 가기로 했다. 그런데 날씨가 너무 갑자기 따뜻해지는 바람에 백 년 만에 서울의 벚꽃이 일찍 피었다. 우리가 가기로 한 날 일주일 전에 벚꽃은 다 졌다. 더군다나 창경궁 가기로 약속한 전날에는 온종일 비가 왔다.

"내일 궁궐 꽃구경 가기로 했는데 비가 와서 큰일이네."

나도 모르게 탄식 소리가 터져 나왔다. 행사를 주관하는 팀장님과 총무님은 얼마나 마음 졸이시려나. 옆에서 내 걱정을 들은 지인이 말했다.

"비 내린 고궁이 얼마나 아름다운지 모르지요? 예전에 궁궐 근처에 살아서 궁궐에 자주 갔어요. 비 내린 후의 궁궐은 정말 끝내줘요. 고즈넉하고 고풍스럽고 호젓하고. 그 어떤 맑은 날에 비할 바가 아니에요."

비 오는 날에 가 본 적이 없는 나는 반신반의했다. 봉사를 마치고 3시쯤 창경궁으로 출발했다. 그때까지도 비는 계속 내렸다. 봉사자들이 모여서 걱정스러운 얼굴을 하고 있었다.

"꽃이 다 져서 어떡해요?"

여자 봉사자 한 분이 걱정스럽게 나에게 말했다.

"꽃 보려고 가나요? 우리 보러 가는 거지. 우리가 꽃이에요."

내가 웃으며 말하자 여자 봉사자가 깜짝 놀라 나를 바라보았다.

"우리가 서로 이야기를 나눌 시간도 없잖아요. 온종일 봉사만 하다가 부랴부랴 가잖아요. 서로 이야기 나누고 우리를 알아가는 시간이 될 거예요."

그녀는 내 말에 감동했단다. 우리가 꽃이라는 생각을 해 본 적이 없다고 했다. 영어에서 본다는 뜻의 see는 알았다(know)가 되기도 하고 이해했다(understand)가 되기도 한다. 우리가 서로를 보면 알게 되고 이해하게 되리라.

이슬비 내리는 고궁은 정말 아름답기 그지없었다. 춘당지에는 소나무 그림자가 물속에 머물고 늦게 핀 산 벚꽃의 분홍 꽃잎은 그 소나무 그림자 위에 앉아 도도히 물결에 흔들리고 있었다. 봄비에 한층 푸르러진 나뭇잎, 호숫가에 축축 늘어진 버들가지는 푸르름으로 출렁였다. 한복을 입은 몇 사람이 거닐고 있었다. 너무 아름다워 감탄이 절로 나왔다.

고궁을 걸으며 우리는 이야기를 나누었다. 남자 봉사자 한 분이 자신은 연극을 한다고 했다. 마임 연극이라 대사는 없단다. 나는 그분이 연극을 하는 줄 전혀 몰랐다. 여자 봉사자 한 분이 그분의 연극을 본 적이 있다고 했다. 나비로 나왔었는데 그 아름다운 나비의 모습이 생생해서 잊을 수가 없단다. 그 누구도 나비를 그렇게 아름답게는 표현할 수가 없을 거란다. 다른 봉사자가 그분께 연극하는 OO 신부님을 아느냐고 물었다. 그분은 환하게 웃으며 그 신부님이 주최하는 연극에 자신이 십자가 역할로 참여했다고 대답했다. 코로나로 직격탄을 맞아 요즘은 설 수 있는 무대가 없단다. 어려운 가운데 봉사자로 나오고 있는 그분이 오늘 내가 보는 꽃이다. 그분이 평상시에도 말이 별로 없어서 잘 몰랐었는데 나는 조금 더 알고 이해하게 되었다.

다른 남자 봉사자 한 분은 부부 동반으로 서울 걷기를 몇 년 동안 했는데 서울은 정말 걷기 좋은 도시란다. 한번 걸으면 서너 시간을 걸었고 항상 부부가 여행도 같이 다니는데 여행지에서는 자신이 일품요리를 만든다고 했다. 그분을 다시 보게 되었고 그분 또한 꽃이 되었다. 우리는 이렇게 서로에게 꽃이 되는 시간이 되었다.

고궁에서 거니는 우리들의 사진이 카톡에 올라왔다. 사진의 구도가 잘 잡혀 있어 참 아름답고 멋진 사진이었다. 나는 사진을 찍어서 올린 분이 화가라고 옆 사람에게 설명해 주었다. 우리는 가끔 인사동으로 그분의 전시회를 보러 갔다. 이렇게 서로 모르던 것을 알게 되는 계기가 되는 것이다. 우리 팀장님은 1일 1식을 하는 분이라고 다른 봉사자한테 설명했더니 깜짝 놀란다. 팀장님은 하루에 한 끼만 먹는 것이 이십 년도 훌쩍 넘었다고 한다. 그래도 전국배드민턴대회 실버부 전국 우승을 해서 우리에게 밥도 사셨다. 나는 예전에 너무 바빠서 한 끼를 거르게 될 때 속상했었다. 요즘은 '1일 1식 하는 분도 있는데 한 끼 굶는 거 건강에도 좋겠지' 하는 생각으로 마음이 바뀌었다. 서울시 어버이합창단에서 활동하고 있는 봉사자분의 이야기도 나왔다. 그분은 우리를 여러 공연에 초대해 주었고 나는 그분 덕분에 귀호강 눈호강을 하며 행복했다. 유명한 의서 《침구갑을경》을 지은 황보밀의 후손인 봉사자분의 이야기도 나왔다. 우리는 그분을 통해 깊은 의학 지식을 많이 듣곤 한다.

한 분이 옆에 있는 분께 말을 걸었다. 그러나 그분은 잘 못 알아듣고 그냥 스쳐 지나갔다. 말을 걸었던 사람은 무안해했다. 나는 그분께 다가가 아까 그분은 앞에서 얼굴을 보고 또박또박 말해야 한다고 알려 드렸다. 그분이 고개를 끄덕였다. 강원도 어머니도 귀가 어두워 사람들의 오해를 많이 받았다. 나는 그 사실이 매우 가슴 아팠다. 항상 안 들리는 것이 아니고 어떤 부분은 또 잘 알아들으시니 그런 오해를 받는 것이다. 나는 그런 경험 때문에 주위 사람들에게 잘 못 알아듣는 분이 있으면 그 사실을 모르는 주변 사람한테 설명을 한다. 뒷담화를 하려는 것이 아니라 서로 상처받지 않고 오해하지 않고 배려해야 하기 때문이다.

궁궐 화단 살구나무의 안내 표지판이 눈에 들어왔다. 우선 '살구 보자'고 병원에 심는다고 했다. 옛사람들에게 살구나무 숲은 병원이 있는 곳을 뜻하였다고 한다. 살구는 종묘 제사에 올리는 귀중한 과일이었고 살구 씨는 거의 만병통치약이라고 할 만큼 널리 쓰였다는 내용이었다.

'살구 보자'라는 말이 내 마음에 확 닿았다.

궁궐의 목련나무를 보고 다른 봉사자 한 분이 북향화 이야기를 해 주었다. 목련은 작은 꽃눈으로 한겨울을 나는데 아랫부분이 항상 남쪽 해를 향해 있다 보니 자라나는 꽃봉오리는 비스듬히 자라 꽃잎은 북쪽을 향해 필 수밖에 없다고 한다. 북쪽은 임금님이 계신 곳이라 옛사람들은 목련화를 가상히 여겼다. 이렇게 많은 이야기를 나누는 고궁 봄나들이가 참 즐거웠다.

학창 시절에도 소풍날 비가 오는 때가 있었다. 부득이 교실 소풍을 한 적도 있다는 친구들의 이야기를 들어 보면 그날의 즐거움도 컸다고 했다. 그날은 꽃 대신 친구들을 잘 보았기 때문이라고 나는 생각한다. 행복학의 대가가 논문에서 상위 10%의 사람들이 보인 가장 큰 차이가 돈이나 건강, 재산이 아니라 "관계"임을 밝혔다. 하버드대학 교수의 졸업생 수백 명을 수십 년 추적 관찰한 결과도 삶에서 중요한 것은 사람들과의 관계였고 행복은 결국 사랑이라는 것이었다.

이 봄 뜸사랑 봉사실 나들이에서 활짝 핀 꽃은 보지 못했다. 꽃 대신 내 주위에 있던 사람들을 보았다. 그들의 이야기를 듣고 조금 더 서로 알게 되고 이해하게 되었다. 좋은 봄날이었다.

동주황벽 東州黃壁

 푸른빛 위에 더해진 노란빛, 붉은빛… 단풍은 다양한 색을 뿜어냈다. 구름 한 점 없이 파란 하늘, 그 하늘빛을 받아 짙어진 강물은 푸르고 푸르렀다. 하늘과 물과 계곡이 모두 아름다워서 넋을 잃을 정도였다. 철원 주상절리. 뜸사랑 봉사자들과 단풍 나들이를 나선 길이다.
 "저기를 보세요."
 한 분이 건너편을 가리켰다. 하늘거리며 날아가는 무수한 나비들. 바람에 떨어지는 나뭇잎이었다. 쏟아지는 햇빛을 받아 나뭇잎들은 황금빛 나비가 되었다. 강 건너편 절벽은 무수한 황금빛 나비들로 반짝거려 그 모습이 눈부시게 아름다웠다. 떨어지는 것들이 저렇게도 아름다울 수가 있구나. 지는 것들이 이렇게도 눈부실 수가 있구나. 나도 저 나뭇잎처럼 질 때 아름다운 사람이 되고 싶다. 온통 세상이 신비로웠다.

　인파에 밀려 걸음을 재촉하느라 특별히 아름다운 곳에 만든 쉼터도 그냥 스쳐 지나갈 수밖에 없었다. 스치며 지나다 언뜻 보니 커다랗게 쓴 '동주황벽'이라는 한글이 눈에 들어왔다. 나는 갑자기 궁금해졌다. 동쪽에 있는 주상절리, 그 동쪽 벽이 황색인 것인가? 이렇게 궁금한 것이 풀리지 않을 때 나는 한자를 한글 옆에 같이 써 주면 좋겠다고 생각한다.

　텔레비전에서 본 한자에 대한 일화가 생각난다. 미국의 유명한 대학교 한국관에 소장된 책 중에 표기가 중국어라고 되어 있는 것이 있단다. 세종대왕 이전의 우리나라 모든 책은 한자 표기였을 것이다. 그것을 보고 옆에 있는 중국관에서 자기네 책이라고 달라고 우겼다는 웃지 못 할 이야기였다. 그분 말씀으로는 중국어라고 표기하지 말고 '우리 고어'라고 표기해야 한다는 것이다. 그 말에 나는 공감했다.

　어디에선가 읽은 어떤 분의 회고담도 생각난다. 그분이 우리나라 문교부 장관으로 있을 때 언어학자이며 뛰어난 작가인 중국의 임어당 선생을 만나 여담을 나누는 중에 중국이 한자를 만들어 놓아서 우리나라까지 문제가 많다고 했단다. 그때 우리나라는 한자를 써야 하는가, 말아야 하는가로 의견이 분분하던 시절이었다. 임어당 선생이 깜짝 놀라면서 그게 무슨 말이냐고 한자는 당신들 동이족 조상이 만든 것인데 그것도 모르고 있냐고 했단다. 임어당은 우리 민족을 문자를 두 개나 만든 위대한 민족이라고 했다.

잔도 길을 한참을 지나고 있는데 안내 봉사를 하는 분을 만났다. 나는 그분께 동주황벽에 대하여 질문했다. 동주東州는 철원의 옛 지명이라고 알려 주었다. 아하 그렇구나. 기둥을 말하는 기둥 주柱가 아니고 행정구역을 나타내는 고을 주州였다. 옛사람들은 주상절리를 이렇게도 표현을 했나 보다. 설명을 듣느라 뒤에 처져 있던 나는 걸음을 빨리해서 여자 봉사자한테 달려갔다. 그리고 그 이야기를 했다. 여자 봉사자가 깜짝 놀랐다. 남편 성이 동주 최 씨란다. 엊그제 종친회 제사가 있다며 철원을 다녀왔는데 동주가 철원을 의미하는 줄 전혀 몰랐다고 했다. 여행의 묘미는 이런 것이다. 나와 밀접하게 연결되어 있지만 내가 모르던 것을 알아가는 재미.

"동주 최 씨 중에 유명한 분이 최영 장군이래요."

여자 봉사자가 말했다. 나는 그녀의 아들들이 훌륭한 조상을 자랑스러워하며 잘 클 것이라고 치하했다. 요즘 아이들은 그런 거에 관심이 없다는 그녀의 말에 아들들이 나이가 좀 더 들면 알 거라고 이야기했다.

송강의 〈관동별곡〉에도 동주東州가 있었다. 궁왕의 대궐 터에서 흥망을 회상하며 쓴 시다. 동주는 이렇게 궁예와 떼어 놓을 수 없는 곳이다. 입구인 드르니 지명도 궁예가 들린 마을이어서 그 이름이 된 것이란다. 주상절리를 흐르는 푸른 한탄강. 한탄강은 언제부터 이 이름으로 불렸는지 모른다고 한다. 누군가는 철원이 태봉국의 도읍지였던 어느 날 궁예가 남쪽으로 내려가 후백제와 전쟁을 치르고 돌아왔는데 이 강가에 와서 마치 좀먹은 것처럼 구멍이 숭숭 뚫려 있는 검은 돌들을 보며 자신의 운명이 다했다고 한탄했는데 그래서 한탄강이 되었단다. 또 누군가는 한국전쟁 때 피난민들이 이곳에서 길이 막히자 한탄해서, 또 민족끼리 총부리를 겨눈 것을 한탄恨歎해서 이름이 되었다는 이야기도 있다. 그러나 한漢은 크다는 뜻, 큰 여울이라는 '한여울', 한자 표기에서 왔다고 한다.

  차를 세워 놓은 드르니 매표소에 가기 위해 줄을 서 있었다. 2시간 가까이 걸었더니 시장했다. 어디선가 향긋한 냄새가 났다. 살펴보니 신혼부부가 바로 앞에서 싱싱한 오이를 먹고 있었다. 그 향기만으로도 피곤함이 치유된 듯 행복했다. 나도 모르게 '오이 향기가 너무 좋다'고 혼잣말이 나왔다. 그 부부는 뒤돌아 나를 보았다

  "하나 드릴까요?"

  놀란 내가 무어라 말을 하기도 전에 부부는 오이가 많이 남았다며 오이 하나를 주었다. 어찌나 고맙던지 고개 숙여 감사 인사를 했다. 옆에 있던 봉사자 선생님과 나누어 한입 베어 먹었다. 시원함과 달콤함이 천상의 맛이었다. 뒤를 돌아보니 내 바로 뒤 노인 한 분이 서 있었다. 나는 얼른 내 오이의 반을 잘라서 그분께 주었다. 노인이 고맙다고 인사를 하기에 앞에 있는 부부가 드린 거라고 했다. 오이의 향기가 더 진하게 퍼져 나갔다. 동주황벽은 황금빛 나비와 오이 향기로 내 가슴에 남아 있다.

윷놀이

　어머니가 고향에 계실 때 설날 저녁은 우리 네 자매가 모이는 날이었다. 아들들이 설 전에 왔다가 설날 차례를 지내고 각자의 처가댁으로 출발하면 딸들인 우리가 도착한다. 어머니는 아들 둘과 딸 넷을 두었다. 이웃 마을에 큰댁이 있었다. 큰댁은 아들만 넷을 두었다. 큰어머니가 우리 어머니에게 쓸모없는 딸을 많이 낳았다고 타박했단다. 어머니는 그 이야기를 두고두고 말씀하셨다. 늘 마음의 한이었나 보다. 우리 자매들은 고향에 가면 꼭 큰댁에 인사를 갔다. 말년에 큰어머니는 우리 어머니를 부러워했다. 세월이 이렇게 변할 줄 몰랐다고 했다.
　설날 저녁에 딸들 네 가족이 모이면 윷놀이를 했다. 여동생이 커다란 달력 한 장을 뜯어서 뒷면에 윷판을 그렸다. 그냥 하면 재미가 없으니 한 집당 5만 원씩을 내고 하잔다. 그러면 20만 원이 모인다. 윷놀이에서 이기는 팀이 그 돈을 다 갖기로 했다. 갑자기 활기가 넘친다. 어머니는 가족 숫자가 기우는 편에 들어가곤 했는데 모든 팀의 가족 숫자가 같은 날에는 서로 자기편으로 모셔 가겠다고 경쟁이 치열했다. 어머니는 윷이나 모가 잘 나왔기 때문이었다. 윷판에서 탄성과 환호가 터질 때마다 어머니는 행복한 웃음을 지었다.

윷놀이는 던지는 숫자가 잘 나오는 것보다 달리는 말을 잘 운용하는 묘미에 승패가 갈린다. 앞서 나가는 말이 긴 거리를 돌기도 해서 뒤처지기도 한다. 말 두 개가 합쳐져서 수월하게 잘 달릴 수도 있다. 갑자기 말이 잡혀서 다시 원점으로 돌아오기도 한다. 빽도로 뒷걸음을 치기도 하며 낙이라고 해서 윷판에서 윷이 하나라도 벗어나면 한 회를 속절없이 쉬어야 한다. 이렇게 수많은 변수 때문에 사람들은 윷놀이에 열광한다.

설날 저녁 윷놀이에서 이긴 팀은 이십만 원을 받은 후 십만 원은 어머니께 용돈을 드리고 나머지는 가졌다. 고향이 도회지였으면 특별식을 주문해서 한턱을 내기도 했겠지만 산골 마을이라 어떤 것도 할 수 없었다. 다음날 각자의 집으로 가면서 그 돈으로 이긴 팀 가족은 오붓하게 영화도 보고 식사도 했다고 카톡에 올라왔다. 우리는 모두 부럽다고 하면서 내년 윷놀이를 기대했다. 내 핸드폰 프로필 사진에는 어머니와 우리 네 자매 가족의 윷놀이 사진이 있다. 나는 그 사진을 보면서 그때를 그리워하곤 한다.

어머니가 요양병원에 입원 후 2년이 지났다. 나는 이제 설날에 갈 곳이 없다. 대신 아들네가 오고 딸네가 온다. 설날에 아들네가 처가댁으로 가고 딸은 시댁이 진해라 멀어서 다음날 온다고 연락이 왔다. 한가한 설날 저녁, 아침 차례를 지내고 갔던 시동생 가족이 다시 왔다. 동서는 중국 한족 여인이다. 내가 친정에서 윷놀이하던 이야기를 했더니 동서가 재미있게 들었다.

"어릴 때 윷놀이 했지요?"

나는 동서에게 물었다. 동서는 한 번도 없다고 대답했다. 나는 깜짝 놀랐다. 중국에서도 즐기는 놀이라 생각했기 때문이었다. 설 명절이면 동네마다 척사대회 현수막이 붙어 있었다. 한자로 쓰여 있기에 당연히 중국에서도 하는 놀이인 줄 알았다. 동서의 말을 듣고서 나는 윷놀이가 정말 우리 민족 고유의 놀이라는 것을 알았다. 그런데도 중국에서는 조선족의 민속놀이라는 것을 앞세워 유네스코에 등재하려고 하고 있다. 척사는 던질 척擲 수저 사柶인데, 수저는 식사할 때 쓰는 수저를 뜻하는 것이 아니고 윷이라는 뜻으로 한국에서만 쓰이는 용법이란다. 윷놀이는 정월 초하루부터 보름까지 했던 걸로 봐서 농가에서 하는 민속점이고 마을끼리 내기를 해서 풍년 농사를 점치기도 했다. 혼자서도 윷을 던져 점을 쳤는데 《난중일기》에도 이순신 장군이 윷점을 친 기록이 여러 군데 나온다고 한다.

윷놀이의 기원은 삼국시대까지 올라가는데 도·개·걸·윷·모는 동물에서 따온 명칭이다. 도는 돼지 '돝'에서 왔고 개는 개, 걸은 양, 윷은 소, 모는 말이다. 부여의 귀족 가문인 마가·우가·구가·저가와 구도가 비슷하단다. 가축의 이름과 함께 가축의 걸음 속도를 생각했다. 돼지가 한 발자국을 가는 사이에 말은 다섯 발자국을 갈 수 있다. 네모 윷판은 공장에서 만든 대량 생산품의 영향이고 원래 윷판은 동그란 것인데 고인돌이나 선돌에 암각화가 많이 발견되면서 고대인들의 천문 활동이 유희가 된 것이란 설이 지배적이다. 조선 중기의 문인 김문표는 윷에 대한 철학적 의미를 밝힌 《사도설柶圖說》이란 저술을 남겼다. 중심 자리는 북극성이고 북극성 주변을 운행하는 별들의 운행이라는 설이다. 윷놀이에서 종착점으로 가장 짧게 들어오는 길은 해가 가장 짧은 동지 일단日短이며 가장 돌아서 들어오는 길은 여름의 하지 일영日永이며 절반을 돌아오는 두 길은 각기 춘분의 일중日中과 추분의 소중宵中을 상징한 것으로 보았다. 나는 그냥 아무 생각 없이 즐기기만 했는데 이런 의미가 있다니 신기했다.

동서가 눈을 반짝이며 윷놀이를 해 보자고 했다. 동서는 처음 해 보는 것이라 했고 다섯 살 조카는 어린이집에서 한두 번 한 적이 있단다. 우리는 두 편으로 나누어 윷을 던지기 시작했다. 어린 조카는 신이 나서 던진다. 너무 힘이 들어가 윷이 바깥으로 나간다. 동서가 아이에게 뭐라고 중국말을 했다. 아이도 중국말로 대답했다. 나는 조카에게 통역하라고 했다. 왼쪽으로 던지라고 했고 자신도 그러겠다고 했단다. 자꾸 낙이 될까 걱정돼서 그런 모양이다. 맨 처음 결혼할 때 동서는 한국말을 전혀 못 했다. 이제 동서의 한국말은 유창하다. 아이와 둘이 있을 때는 주로 중국어를 쓴다. 아이는 한국어도 잘하고 중국어도 잘하는 아이로 커가고 있다.

두 팀의 윷판이 크게 앞서지도 않고 한동안 진전이 없다. 나도 모르게 "도찐개찐" 했더니 동서가 어리둥절한다. '비슷비슷하다'는 뜻이라고 동서에게 말해 주었다. 원래는 '도긴개긴'이다. 긴이란 상대의 말을 쫓아 잡을 수 있는 거리를 말하므로 도긴개긴은 도로 잡을 수 있는 거리나 개로 잡을 수 있는 거리는 큰 차이가 없다는 뜻이다.

두 팀이 하니 재미가 없다. 동서는 내년 설에는 나의 아들네가 오건 딸네가 오건 가족들이 모여서 5만 원씩 걸고 윷놀이를 꼭 하자고 한다. 나도 그러겠다고 했다.

"모 아니면 도지. 뭐~"

나는 웃으며 말했다. 벌써 내년 설이 기다려진다.

자연표류

옴팍이와의 산책은 강아지를 위한 시간이라기보다 나에게 더욱 좋은 시간이다. 혼자 여러 가지 생각의 나래를 펴는 시간이고 계절의 아름다움을 온몸으로 느끼는 시간이다. 봄날에 떨어지는 황홀한 꽃잎, 푸르게 색을 더해 빛나는 여름, 붉은 잎으로 불타는 가을, 모든 것을 다 덮은 것 같은 하얀 겨울. 걷노라면 감사기도가 절로 나온다. 태어나고 살아 있어서 감사하다.

"얘는 눈이 옴팍 들어갔네."

강아지를 처음 본 어머니가 말했다. 지인이 버린다는 강아지를 시동생이 안고 왔을 때였다. 그래서 이름이 옴팍이가 되었다. 어린 옴팍이는 사는 곳과 이름이 동시에 바뀐 것이다. 사람의 인생처럼 강아지의 삶 또한 이렇게 어딘가로 흘러간다. 나는 옴팍이란 이름이 좋다. 토

속적이고 정감이 간다. 모임에서 강아지 이야기가 나왔는데 한 친구가 강아지 이름을 그렇게 성의 없이 지었느냐고 타박했다. 나는 깜짝 놀랐다. 한글 이름이 많지 않은 요즘에 얼마나 대견한가.

길거리의 수많은 간판 이름이 외국어이고 아파트 이름마저 외국어 투성이인 세상이다. 항간에 떠도는 우스갯소리가 있다. 시어머니가 못 찾아오게 하려고 어렵고도 긴 아파트 이름을 며느리들이 좋아한단다. 세월이 흘러 아파트를 찾기 힘든 시어머니가 아예 시누이까지 대동하고 오는 바람에 다시 아파트 이름이 짧아지고 있다는 이야기를 듣고 한참을 웃었다. 5살 손자가 한글을 익히는 요즘 길을 걷다가 간판에서 아는 글자를 찾아내는 즐거움이 큰데 한글 간판이 줄어들어 아쉽기만 하다.

세종시에 사는 뜸사람 봉사자선생님의 이야기가 생각난다. 세종시에 있는 공원에 갔는데 화장실이라는 간판은 눈을 씻고 찾아도 없었다. 오로지 토일렛이라는 영어만 온 사방에 있기에 공원 사무실에 일부러 찾아가 항의했다.

"여기가 대한민국이지 외국이냐. 왜 화장실이라는 글씨는 한 개도 없느냐. 특히 여기는 세종시가 아니냐. 한글을 만든 세종대왕의 뜻을 받드는 세종시가 이러면 되느냐?"

공원 관리실은 외국인을 배려해서 한 것이라고 했단다. 관공서도 이러니 말해 무엇 하랴.

우리 아파트에서 뒷문을 나서면 바로 산길로 연결된다. 인적이 드물고 얕은 동산이라 산책하기에 좋다. 집에서 나서기 전에는 항상 옴팍이와 산책할 길을 머리로 그린다. 오늘은 동쪽으로 해서 서쪽으로 넘어와야겠다고 생각한다. 그러나 그렇게 생각대로 된 적은 거의 없다. 다른 강아지가 오는 것이 보이면 나는 다른 길을 선택한다. 개들은 서로 만나면 사이좋게 지내기보다는 앙앙거리기 일쑤이다. 나도 누군가를 좋다고 한 적보다 싫다고 한 적이 많았을지도 모르겠다. 그렇게 반성도 하면서 산길을 걷는다. 중간에서 잠시 앉았던 자리에 가방을 놓고 올 때도 있다. 걷는 중에 손수건이나 핸드폰이 주머니에서 떨어진 줄도 모르고 한참을 걸은 적도 있다. 그러면 아무리 많이 왔어도 되돌아가면서 왔던 길을 복기하며 하나하나 살피며 걷는다. 머릿속에서 맨 처음 가려고 했던 길은 요원해지고 길은 다시 수정된다. 저 앞에 젊은 여인이 오다가 우리를 보고 방향을 돌린다. 아마 강아지를 무서워하는 사람일 것이다. 괜히 미안하다. 나도 모르게 이렇게 다른 사람의 길의 방향을 바꾸게 하기도 한다. 그녀가 다시 선택해서 가는 길이 좋은 길이기를 기도한다.

신문에서 읽은 게 생각난다. '진화란 자연선택이 아니라 자연표류라고 한다. 마치 산꼭대기에서 물을 한 방울 떨어뜨리면 똑바로 흘러가다가 돌이나 나무에 걸려 진로를 바꾸기도 하고 비바람의 영향을 받아 불규칙하게 흐르듯이 진화도 그렇게 진행이 된다.'는 내용이었다.

산책길에서 강아지들은 꼭 똥과 오줌을 눈다. 그런데 한 가지 신기한 것이 아무리 좁은 산길이라도 길 한가운데에는 누지 않는다. 꼭 길가의 가장자리에 눈다. 옛말에 '군자대로행君子大路行'이라 하더니 사람이 길을 정가운데로 똑바로 걸어가면 개똥같은 것은 밟지 않겠구나, 생각했다.

　산길을 걸으면 등산을 자주 다니는 사람들의 이야기가 생각난다. 어느 남자 분은 요즘은 산에서 여자를 만날까 봐 무섭다고 했다. 괜히 말을 먼저 걸어오고 밥을 같이 먹자고 하면 불편하단다. 예전엔 우리 여자들이 남자들이 말 걸을까 걱정이었는데 세상이 변했나 보다. 신기한 이야기도 들었다. 가끔 산길에서 바지 한쪽은 올리고 바지 한쪽은 내리고 걷는 여자들이 있는데 그것은 '남자 친구 구함'이라는 신호라고 했다. 나는 처음에는 믿지 않았는데 같은 이야기를 여러 사람에게서 몇 번이나 들으니 믿게 되었다. 속으로 희한한 여자들이라고 생각했다.

　옴팍이와 산책길에 흙이 묻는 것이 싫어 나도 양쪽 바지를 다 걷고 산길을 걷는다. 그날도 그렇게 산길을 걷고 있는데 저만치 앞에서 남자 한 분이 걸어오고 있었다. 핸드폰이 울렸는지 그분이 멈추고 핸드폰을 들여다보고 있었다. 나는 그분 때문에 어떤 길로 가야 하나 망설이다가 내 발밑을 보게 되었다. 아뿔싸! 나의 바지 한쪽이 발까지 내려가 있었다. 바짓단이 한쪽은 무릎까지 한쪽은 땅까지 끌리고 있는 형국이다. 내가 '남자 친구 구함' 신호를 보내고 있는 것이 아닌가. 나는 혼비백산해서 바지를 정리할 생각도 못 하고 부리나케 뒤돌아서서 뛰어 내려왔다. 그 남자 분은 '남자 친구 구함'이라는 신호를 보내는 이상한 여자를 오늘 만났다고 누군가에게 말할지도 모른다. 나의 산책은 오늘도 자연표류를 했다. 아니, 사람들이 오해한다는 것을 알게 되었으니 진화되고 있는 것인가.

개꿈

　문학교실에서 《삼국유사》에 나오는 꿈을 공부했다. '원성대왕'의 이야기가 인상적이었다. 원성왕이 왕이 되기 전 복두를 벗고 흰 갓을 쓰고 12현금을 들고 천관사 우물 속으로 들어가는 꿈을 꾸었다. 점을 치니 실직할 징조, 형벌을 받을 징조, 옥에 갇힐 조짐이라고 했다. 그런데 '여삼'이라는 사람은 위에 앉을 사람이 없을 징조, 왕관을 쓸 징조, 12대 자손이 대를 이을 징조, 대궐로 들어갈 길조라고 하였다. 하나의 꿈에 서로 다른 두 가지 해석이 신기했다.
　수업 후에 차를 마시며 문우들의 꿈에 대한 다양한 이야기를 들었다. 평소에도 꿈이 잘 맞는다는 시인 언니는 며칠 전 꿈을 꾸었는데 고향집 흙담 위로 무수히 뻗어나가는 머위를 보았단다. 아침에 눈을 뜨자 바로 태몽이라는 생각이 들었는데 곧이어 손녀의 임신 소식이 들려왔다. 가족들은 그녀의 꿈 신통력에 또 한 번 감탄했다고 한다. 나는 꿈이 맞은 적이 없다. 시어머니도 자신의 꿈이 잘 맞는다고 하는데 나는 그런 말을 들을 때마다 영혼이 참 맑은가 보다 생각하곤 한다.

  꿈을 공부한 탓인지 그날 바로 생생한 꿈을 꾸었다. 꿈에서 내가 강아지 목줄을 빙빙 휘두르듯이 돌리고 있었다. 빙빙 도는 강아지가 언뜻 보였다. 사람들이 강아지가 죽었다고 웅성거리는 소리가 들렸다. 놀라 잠이 깼다. 나는 참 희한한 꿈을 꾸었다고 생각했다. 가끔 사람들이 별 볼일 없는 꿈을 개꿈이라고 표현하는데 진짜 개가 나오는 꿈이니 나는 그냥 개꿈이라고 생각했다. 하지만 그래도 마음이 편치 않아 인터넷에서 꿈해몽을 찾아보았다. 다행히 강아지가 죽는 꿈은 사람들이 생각하는 것처럼 나쁜 흉몽은 아니고 좋은 길몽이라고 한다. '지금까지의 삶에 큰 변화나 행운이 찾아온다. 근심 걱정이 사라지고 일이 잘 풀린다.' 등으로 나와 있었다. 그나마 다행이었다.

  그날 저녁 평상시처럼 옴팍이를 데리고 산책하러 나갔다. 산길을 한 바퀴 돌고 아파트 1층에서 엘리베이터를 탔다. 나는 9층을 눌렀다. 문이 닫히는데 아뿔싸! 강아지가 아직 타지 않았다. 내가 닫힘 버튼을 누른 것도 아니었다. 평상시 같으면 강아지가 엘리베이터에 탔을 충분한 시간이었다. 오늘은 강아지도 나도 잠시 딴생각을 하고 있었나 보다. 어느새 문은 닫히고 엘리베이터는 출발했다. 나는 너무 놀라서 털썩 주저앉아서 문을 열려고 애쓰는 사이 엘리베이터는 2층을 지나고 있다. 내 손에 잡고 있던 강아지 줄이 툭 끊어졌다. 9층까지 올라갔다가 다시

1층으로 내려오는 시간은 천년의 시간이 흐른 것 같았다. 1층 엘리베이터 문이 열리고 바닥에 쓰러져 있는 옴팍이가 눈에 들어왔다. 축 늘어져 있고 눈도 감겨 있었다. 내 눈에는 강아지의 시체로 보였다. 내 몸이 부들부들 떨렸다.

옴팍이는 노견이다. 우리 집에 온 지 14년이 되었으니 할아버지 강아지이다. 그래서 그런지 지금은 노망이 들어 온 집안에 오줌을 싼다. 강아지 오줌을 닦느라 요즘은 두루마리 화장지를 몇 박스씩 홈쇼핑에서 사야 한다. 강아지는 능구렁이가 되어 어머니와 나의 꾸지람은 듣는 둥 마는 둥 한다. 남편이 있으면 꼼짝을 못하고 화장실에 가서 오줌을 누지만 나하고 어머니 앞에서는 아무 데나 오줌을 눈다. 강아지는 마음속으로 서열을 정한다고 한다. 남편은 자신보다 서열이 위이고 나와 어머니는 자신보다 서열이 낮다고 생각하는 거란다. 저녁에 문을 열고 집에 들어서면 집안은 언제나 오줌 냄새가 진동한다. 강아지가 늙어서 치매가 생긴 것인가. 가끔 어머니가 보는 데도 텔레비전 앞에다 버젓이 다리 들고 오줌을 싸고 있다. 그런 강아지를 볼 때마다 어머니는 노기를 띠고 소리를 지른다.

"에고. 저놈을 죽이지도 못하고 어쩌면 좋으냐."

그런 말을 듣는 노견이지만 그래도 이 상황은 아니다 싶었다. 어떻게 내가 강아지를 죽인단 말인가. 나는 어찌할 줄을 모르고 있다가 우선 시동생에게 전화를 해야겠다고 생각했다. 옴팍이는 시동생의 강아지이다. 시동생이 데려와 키우다 장가를 갔고 지금도 강아지 음식은 시동생이 사 온다. 목욕시키는 것, 병원에 데려가는 것도 시동생이 알아서 한다. 내가 막 전화번호를 찾아 누르려는 순간 갑자기 강아지 다리가 움직였다. 그리고 강아지가 비틀비틀 일어섰다. '하나님 감사합니다.' 감사기도가 절로 나왔다.

딸에게 이 이야기를 했더니 만약 다른 사람이 근처에 있었다면 엄마는 동물학대죄로 신고 당했을 거라고 한다. 다른 지인은 강아지는 엘리베이터에는 꼭 안고 타야한다고 조언을 한다. 그러나 나는 안고 타고 싶지는 않으니 걱정이다.

며칠이 지나도록 강아지를 잘 살펴보았다. 강아지는 건강하게 잘 지내고 있다. 여전히 집안 곳곳에 오줌을 싸면서…. 내가 꾼 꿈은 무엇이었을까, 개꿈이어서 정말 다행이지 싶다.

몽골에서

 중학교 때 역사 시간이었다. 몽골제국의 칭기즈 칸 이야기, 거대한 원제국, 몽골로 끌려간 공녀들의 이야기를 들었다. 작고 힘없는 나라의 여인들로 태어나 타국으로 끌려간 여인들의 이야기는 슬프고 가슴 아팠다. 선생님의 이야기는 이어졌다. 공녀로 끌려갔던 우리나라 여인 중에 원나라의 황후가 된 여인이 있다고. 우리는 자신도 모르게 안도의 숨을 쉬었고 환하게 웃었다. 선생님이 물으셨다.
 "우리나라의 여인이 황후가 되었으니 우리나라가 조금은 편해졌겠지요? 공녀로 끌려가는 사람도 없고?"
 우리는 모두 당연하다는 듯 "예!"하고 대답했다. 선생님은 미소를 지었다.
 "아니에요. 그녀는 자신을 공녀로 보낸 우리나라가 괘씸하고 미웠답니다. 그래서 더더욱 우리나라를 못살게 굴었어요. 공녀도 계속 보냈고요."

우리는 모두 어안이 벙벙했다. 어렸던 우리는 이해할 수가 없었다. 선생님의 그 말씀이 어른이 되어서도 오래 머리에 남았다. 나중에 커서는 기황후에게도 피치 못할 여러 사정이 있는 것을 알았지만 마음속 아쉬움은 남아 있었다.

오래전의 일이다. 뜸사랑 봉사실에 연로하신 할머니 한 분이 왔다. 늘 혼자 오던 분이었는데 그날은 웬일로 동행이 있었다. 초등학교 고학년으로 보이는 두 명의 아이들이었다. 몸이 불편하신 할머니는 봉사자들이 뜸을 떠 주는 뜸방으로 들어가고 아이들은 대기실에 남았다. 나는 그날 접수를 보는 날이라 대기실에서 아이들과 이야기를 나누었다. 아이들은 할머니의 손주들이었다. 할머니는 아들 하나만 있는데 그 가족이 이민을 갔다. 아이들은 자신들은 외국에 가서 살고 싶지 않지만 어쩔 수 없이 외국에 가서 살게 되었다고 했다. 몇 년 만에 방학을 맞아 아이들끼리만 한국에 왔는데 정말 오랜만에 할머니를 만났다고 했다. 할머니가 오늘은 뜸사랑에 가는 날인데 너희는 집에서 있으라고 했지만 아이들은 따라나섰다. 아이들은 할머니가 가는 곳이 궁금했다. 전철을 타고 오면서 할머니는 손주들에게 말했다.

"할머니 혼자 한국에 산다고 걱정하지 말아라. 이렇게 좋은 봉사단체가 있어서 나는 건강하게 잘 지내고 있단다."

할머니가 뜸을 뜨러 간 사이 아이들은 대기실에서 해맑게 웃으며 나에게 말했다.

"우리나라, 정말 좋은 나라에요. 혼자 계신 우리 할머니도 이렇게 돌봐 주니까요."

그 말을 듣는데 나는 갑자기 가슴이 먹먹해지며 눈물이 핑 돌았다. 왜 그때 기황후가 생각이 났는지는 모르겠다. 내가 뜸사랑 봉사실에 다니는 것이 참 보람이 있다고 느낀 순간이었다. 이 아이들이 우리나라가 좋은 나라라고 기억하고 먼 타국에서 잘 커 나가길 기도했다.

몽골은 언제 한번은 가고 싶은 나라였다. 한국수필가협회 해외심포지엄에 동행하게 되었다. 몽골 여행을 하면서 몽골인 가이드에게 기황후에 관해서 물었다. 그는 잘 알지 못했다. 그때는 원나라가 망해가는 시기였다는 말만 했다. 나중에 유명한 역사학자의 기황후에 대한 정의를 들었다. 최선을 다해서 열심히 살았던 여인. 그러나 고려에는 별 도움이 되지 않았던 여인.

몽골에는 드넓은 초원과 수많은 양 떼, 맑은 하늘, 밤하늘의 무수한 별. 천혜의 자연 그대로가 있었다. 이태준 열사 공원도 인상적이었다. 그곳에서 독립자금 관리도 하고 황제의 주치의로 활동하며 많은 사람을 치료했다고 한다. 저격당해 쓰러진 그곳에 공원이 세워졌다. 이태준 열사의 비석 앞에서 우리 모두 고개 숙여 묵념을 드렸다.

몽골하면 또 생각나는 분들이 있다. 예전에 구당 할아버지도 몽골에 침뜸 봉사 활동을 몇 번 갔는데 사람들 피부와 머리에 종기가 많아서 놀랐다고 했다. 그래서 그곳 사람들에게 암에 관해서 물었더니 몽골에는 암 환자가 거의 없다고 했다. 구당 할아버지는 암은 종기가 곪지 않아서 생기는 거라는 생각을 하고 있었다. 곪아서 터져야 되는데 항생제의 과다한 남용이 종기를 곪지 않게 해서 결국 암으로 발전시키는 것 같단다. 뜸사랑에서 특강을 해 주셨던 의사 선생님도 생각났다. 그분은 선교를 위해 의대에 진학했고 의사가 되자 선배들과 외딴 섬에 의료봉사를 갔는데 약이 떨어졌다. 환자들은 몰려오는데 약이 떨어지니 의사가 할 일이 없었다. 노련한 선배 의사는 이런 경우를 대비해서 카이로프락틱을 배웠다고 하면서 섬 주민들에게 테이프를 감아 주고 있었다. 그분은 그때 의사도 무언가 더 배워야 한다는 것을 알았고 우연히 뜸사랑을 알았고 공부를 했다. 그분은 구당 선생님의 무극보양뜸이 단순하면서 치료가 잘 된다는 것을 자신의 양가 부모님을 치료하면서 알게 되었다. 그 후 선교를 위해 몽골에 갔고 몽골어로 무극보양뜸 책자도 만들어 그곳 의대생들에게도 가르치고 있다.

몽골은 칭기즈 칸이 세계적인 대제국을 건설했던 만큼 모든 것은 칭기즈 칸으로 통했다. 칭기즈 칸 박물관, 칭기즈 칸의 거대한 탑, 우리를 말 태워 주었던 마부의 게르에도 부처님 상 같은 작은 칭기즈 칸의 상을 모시고 있었다. 가이드들을 통해서 수많은 칭기즈 칸에 관한 이야기를 들었다. 버스 안에서 한국인 가이드가 칭기즈 칸의 시를 외워 왔다고 암송을 하겠다고 한다.

"집안이 나쁘다고 탓하지 말라
　나는 아홉 살 때 아버지를 잃고 마을에서 쫓겨났다

가난하다고 말하지 말라
나는 들쥐를 잡아먹으며 목숨을 연명했고
…

배운 게 없다고 힘이 없다고 탓하지 말라
나는 내 이름도 쓸 줄 몰랐으나
남의 말에 귀 기울이면서
현명해지는 법을 배웠다."

갑자기 그는 다음 구절을 잊어버렸다고 암송을 멈추었다. 그런데 나는 그때부터 눈물이 줄줄 흘렀다. 많은 시간 남의 탓을 하면서 살았던 나 자신을 잘 알기 때문이리라. 그다음 구절을 외우고 안 외우고는 상관이 없었다. 나는 감동으로 목이 메었다. 언젠가 들었던 그 시는 거대하고 막막한 허허벌판에서 들으니 내 자신에게 더 잘 들리고 있었다. 누군가의 도움으로 시 낭송이 다시 시작되었다.

"적은 밖에 있는 것이 아니라 내 안에 있다…
나를 극복하는 순간 나는 칭기즈 칸이 되었다."

목이 메고 눈물은 흐르고 나는 그야말로 엉엉 울었다. 마스크를 쓰고 있었기에 다행이었다. 옆 사람이 그런 나를 본다면 얼마나 놀라겠는가. 나는 나를 극복하고 내가 되어야 한다. 몽골초원에서 마음에 새겼다.

밥 잘 사 주는 예쁜 언니

텔레비전 화면에 예전 드라마가 지나간다. 《밥 잘 사 주는 예쁜 누나》라는 제목이었다. 밥 잘 사 주는 사람은 드라마 제목도 되는구나 싶었다. 내 경험으로도 밥 잘 사 주는 언니는 예쁘다.

나는 의정부로 이사를 했지만 서울에서 다니던 강좌들을 그대로 가게 되었다. 집 근처 가까운 곳에서 했던 강좌들인데 이제는 멀리서 오가게 되었다. 강좌가 끝나면 점심시간이다. 그전엔 집이 가까워 간혹 집에 가서 밥을 먹기도 했는데 집이 머니 그럴 수가 없다.

서예실 반장 언니는 꼭 나에게 밥을 먹고 가라고 하면서 밥을 사 준다. 그야말로 밥 잘 사 주는 예쁜 언니다.

"언니는 집이 가까우니 집에 가서 드세요. 나는 혼자 먹어도 돼요."

그렇게 말해도 언니는 막무가내다. 본인도 어차피 집에 가면 혼자 먹어야 하니 둘이서 맛있는 집 찾아가서 먹자고 한다. 둘이 먹으니 참 좋다고 하면서 밥을 사 준다. 밥값은 돌아가면서 내지만 같이 밥 먹자는 그 말이 항상 고맙고 미안하다. 함께하는 밥은 즐겁다. 학자들의 말에 따르면 인류가 큰 무리를 이루고 서로 도우며 살고 성장하게 된 것은 음식을 같이 나누며 쌓은 우정과 정보 때문이라고 한다.

옛날에 언니의 소원이 밥을 좀 사는 거였단다. 공무원 남편의 박봉으로 시부모님 모시고 자식들을 키우고 있어 도저히 여유가 없었다. 친구나 이웃을 만나면 그들이 밥값을 내는데 그것이 참 미안하고 고마웠단다. 언제 저들처럼 밥을 척척 사 줄 수 있는 시절이 오려나 염원했는데 요즘 그 소원이 이루어졌단다. 집도 있고 연금도 나오고 여유가 생겨 사람들에게 밥을 살 수 있어 고맙다고 했다. 세상일은 크게 걱정하지 않아도 되는 거 같단다.

하루는 언니가 동네에 있는 작은 밥집으로 가자고 해서 갔는데 할머니 혼자서 집밥을 해서 파는 조그만 식당이었다. 언니는 식사를 마친 후 곧바로 주방에 들어가더니 설거지를 했다. 주인 할머니가 말렸지만 소용없었다. 혼자 애쓰는 할머니를 도와주어야 한단다. 내 마음이 뭉클했다.

책을 읽다가 근처에 양주 범륜사라는 절이 있다는 내용이 있어 길을 나섰다. 혼자서 절을 찬찬히 보고 있는데 옆에 전망대가 보였다. 천천히 올라가 보았다. 그 전망대 위에서 구경하고 있는데 한 아주머니가 다가왔다. 근처에 살고 있다는 아주머니는 코로나로 다니던 절에도 못

오게 해서 오늘 비로소 몇 년 만에 부처님께 인사를 왔다고 했다. 코로나가 조금 잠잠해져서 절에는 오고 싶은데 다리가 아파서 걱정했더니 이웃이 차로 절까지 데려다주고 갔단다. 절에는 사람이 없어 우리 둘뿐이었다. 그녀는 모처럼 사람을 만나서인지 나에게 이것저것 하고 싶은 이야기가 많은 듯했다.

본인은 79살인데 작년까지 식당에서 열심히 일했고 이제 편안한 노후를 보내는 중이란다. 아들 둘을 둔 그녀는 39살에 남편이 하늘나라로 갔는데 중학생도 되지 않은 아이들을 여자 혼자 어떻게 키우겠느냐고 주위 사람들이 재가하라고 성화였다. 왜 남의 눈치를 보며 아이들을 키우냐고 한마디로 거절했다. 아들이 장성하자 큰아들에게 방위병 통지서가 왔다. 홀어머니를 둔 아들에게 나라에서 한 배려였다. 그러나 그녀는 아들이 보는 데서 그 종이를 찢어 버렸다. 홀어머니한테서는 배울 것이 없으니 군대에 가서 조금 더 큰 세상을 보고 오라고 했다. 아들은 두말없이 해군에 지원했다. 그리고 군에 복무하면서 요리에 대한 꿈을 키워 요리사가 되었다. 그 아들이 십 년 전에 1억을 들여 고향 엄마 집을 새로 지어 주었다. 둘째 아들도 방위병으로 통지서가 나왔는데 그녀는 또 그 종이를 찢었다. 작은아들도 형처럼 두말없이 군대에 갔다. 제대 후에 작은아들은 요리 배우러 일본에 유학 가고 싶다고 했다. 형이 흔쾌히 허락하고 후원해 주었다. 작은아들은 훌륭한 요리사가 되어 송도에 일식집을 내었는데 그 집은 송도에서 유명한 집이 되어 엄마에게 용돈도 잘 준다고 했다.

그녀의 이야기를 듣던 시점은 어떤 장관 후보자의 인사청문회로 온 나라가 시끄럽던 시절이었다. 장관 후보자의 아들은 현역 판정을 받았지만 몇 년 후에 후보자가 총장으로 있는 대학병원에서 진료를 다시 받아 사회복무요원이 되었다고 한다.

나는 그녀의 이야기를 들으며 그녀의 고단한 삶과 대견한 아들들 이야기에 목이 메었다. 자꾸 목이 메는 것을 그녀에게 들키지 않으려고 애썼다. 장관 후보자 같은 부유한 사람보다는 이런 소시민 엄마들 덕분에 우리나라가 든든한 국방력을 갖고, 이렇게 부강한 나라가 될 수 있었다고 생각했다. 정말 수고 많았다고, 훌륭하시다고 치하하면서 나는 그녀의 등을 토닥여 주었다.

그녀와 둘이 조심조심 산길을 내려왔다. 다리가 아픈 그녀를 생각해 천천히 그리고 가끔 부축해 주면서 내려왔다. 입구에 다다르니 카페가 있었다. 그녀는 뿌득뿌득 그 찻집에 가자고 우겼다. 나는 아침에 진한 커피를 마셔서 지금은 커피 생각이 없다고, 안 가도 된다고 했는데 자신도 그렇다며 가장 비싼 딸기 셰이크를 주문했다. 그 값이 칼국수 값에 버금갔다. 나는 깜짝 놀랐다. 그녀 또한 밥 잘 사는 예쁜 언니구나 생각했다.

그녀가 말했다. 작년까지는 일만 해서 꼼짝을 못했는데 앞으론 이렇게 맛있는 것도 사 먹으면서 다니려고 한다고. 낯선 사람이 이렇게 비싼 음식을 사니 내 마음에 부담이 왔다. 그녀는 불과 몇 시간 전에는 모르는 사람이 아닌가. 나는 얼른 달려가 진열장에 있는 빵을 샀다. 딸기 셰이크는 얼음이 많은 탓에 너무 차가워서 우리는 금방 먹지 못했다. 대신 빵을 맛있게 먹었다.

  길가에 나란히 앉아 버스를 기다리면서 그리고 함께 버스를 타고 오면서 그녀는 또 많은 이야기를 했다. 평일이라 버스도 한가했고 사람이 많지 않았다. 그녀의 집은 멀지 않았기에 우리는 금방 헤어져야만 했다. 그녀는 버스에서 내리기 전, 나를 꼭 안아 주면서 건강하게 잘 지내라고 했다. 나는 괜스레 눈물이 핑 돌았다. 우리는 서로 보이지 않을 때까지 오랫동안 손을 흔들었다. 잠깐의 나들이에서 이렇게 좋은 사람을 만나다니 나는 참 복이 많은 사람이라고 생각했다.

  다음 정류소에서 한 사람이 가방을 메고 버스를 탔다. 그 가방에 매달려 있는 작은 물체가 프리즘 같은 거였나 보다. 가방에 실려 들어오던 햇빛에서 갑자기 아름다운 색이 나타났다. 빨주노초파남보. 밥 잘 사 주는 예쁜 언니는 내게는 프리즘 같다. 그녀들을 통해 나는 삶이 아름답다는 것을 느낀다. 세상에 아름다운 이야기가 많다는 것을 알게 된다.

짱돌 마애불

이곳 부처님의 미소가 백제의 미소라 했다. 서산 용현리 마애삼존불. 둥글고 통통한 얼굴. 두툼한 입술이 살짝 벌어진, 마치 함박웃음을 짓기 바로 직전의 미소. 여유롭고 아름다웠다. 평화란 이런 미소 속에 깃들겠구나, 하는 생각이 들었다. 구수한 사투리로 쓰여 있는 안내문을 읽었다. 마애불을 발견하게 된 동기였다.

한 고고학자가 혹시 불상이나 탑 같은 것을 본 적이 있느냐고 지나가는 나무꾼에게 물었다. "부처님이나 탑 같은 것은 못 봤지만유. 저 인바위에 가믄 환하게 웃는 산신령님이 한 분 있는디유. 양옆에 본마누라와 작은 마누라도 있지유. 근데 작은 마누라가 의자에 다리를 꼬고 앉아서 손가락으로 볼따구를 찌르고 슬슬 웃으면서 용용 죽겠지, 하고 놀리니까 본마누라가 짱돌을 쥐고 박을라고 벼르고 있구만유. 근데 이 산신령

양반이 가운데 서 계십시러 본마누라가 돌을 던지지도 못하고 있지유."

그 글을 읽자마자 내 기억은 툭하고 어린 시절로 돌아갔다. 내가 초등학교 3-4학년쯤이던 어느 날 아버지가 한 여인을 데리고 왔다. 그 여인은 아들 하나 데리고 살던 과부였다. 아버지는 옆 동네에 그 여인의 집을 마련해 주었다. 그리고 우리에게 그 여인에게 작은엄마라고 부르라고 했다. 아버지는 우리 동네에서는 유일하게 공개적으로 처첩을 거느리는 사람이 되었다. 여인에게서는 분 냄새가 났다. 우리 엄마한테서는 한 번도 맡아 보지 못한 꽃 향이었다. 우리 엄마는 농사도 짓고 돼지까지 기르고 있었다. 여인은 책도 읽을 줄 알았다. 우리 엄마는 글을 알지 못했다. 그것이 나에게는 신선한 충격이었다.

우리 집 앞에는 버스 정류소가 있어서 마을 사람들은 어딘가로 가려면 우리 집 툇마루에 앉아서 버스를 기다리곤 했다. 여인은 가끔 읍내를 갈 때 우리 집에 들렀다. 동생이 많은 나는 항상 해야 하는 일이 많았고 그러다 보니 실수가 많았고 그래서 엄마에게 혼나는 일이 많았다. 그러나 그 여인은 나에게 상냥하게 대했다. 그날도 나는 엄마에게 크게 혼나고 시무룩하게 있는데 마침 이웃집 아줌마가 툇마루에서 나한테 물었다. 누가 더 좋으냐고. 철없고 어리석은 나는 화내고 혼을 내는 엄마보다 그녀가 더 좋다고 답했다.

세월이 흘러 내가 중학생이 되었을 때 나는 철이 들었다. 아버지에게 그 여인을 떠나보낼 것을 강력히 요구했다. 아버지의 당황해 하던 표정이 생각난다. 내가 고등학생이 되어 고향을 떠난 지 얼마 안 되어 그 여인은 우리 동네를 떠나갔다. 그 여인의 아들이 동네에서 한 가정을 풍비박산 만들고 교도소에 갔으니 여인은 창피해서 살 수가 없다고 멀리멀리 이사를 간 것이다. 아버지와 그 여인의 인연도 그렇게 끝이 났다.

대학생일 때 어머니 여동생인 막내 이모가 우리 집에 놀러 왔다. 이모가 내게 물었다. "너 정말로 엄마보다 그 여자가 더 좋았니?" 나는 기절할 듯이 깜짝 놀랐다. 이모가 그것을 어떻게 알고 있을까 싶었다. 내가 숨소리도 내지 못하고 있을 때 이모가 말했다.

"니 엄마가 그 말을 전해 듣고 얼마나 상심했는지 아니? 넌 아마 상상도 못할 거다."

나도 내가 엄마에게 얼마나 잘못했는지를 그때는 알고 있었다. 철이 들었으니까. 세월이 흐르고 나이가 들면서 더 알게 되었다. 〈어머니 마음〉이라는 노래는 "나실 제 괴로움 다 잊으시고…"라고 시작한다. 건성으로 부르던 그 노래를 정말로 가슴 깊이 깨달았던 것은 내가 첫아이를 출산할 때였다. 새벽부터 산통을 느껴 아침 9시 병원이 문 열자마자 입원했는데 밤 10시가 지나도 아이가 나오지를 않았다. 그때 나는 '죽을 둥 살 둥'이란 말을 실감했다. 우리 어머니도 이렇게 나를 낳을 때 고생했을 텐데 내가 그것도 모르고 살았다는 것을 뼈저리게 느꼈다.

"엄마 잘못했어요. 용서해 주세요."

병원 침상에 누워서 나는 어머니께 용서를 빌었다. 몸소 겪어 보지 않으면 모르는 일이 세상에는 있다.

짱돌을 든 마애불 앞에서 두 손을 모은다. 어머니도 나무꾼의 말처럼 짱돌을 던지지도 못하고 평생을 살았다. 어머니는 한恨이 많았을 것이다. 신문에서 읽었는데 한恨이란 다른 나라에는 없는 단어란다. 한국인에게만 있는 말. 중국이나 일본에서는 원怨을 쓴다. 원怨이란 원통, 원망, 원수 등에 쓴다. 그런데 원이라는 말은 억울하고 원통하고 응어리진 일의 원인을 타인의 탓으로 돌리는 생각이 있다고 한다. 한이란 그 원인을 타인에게 돌리지 않고 내 속에서 스스로 삭이는 것이다. 어머니는 당신보다 첩이 더 좋다는 딸의 말을 전해 듣고도 한 번도 나한테 그 말을 한 적이 없었다. 어머니도 마음속으로 삭혔으리라.

한이 많은 여인들이 아이를 많이 낳는다는 이야기를 들었다. 어머니는 아이를 많이 낳았다. 어머니는 자식 교육에 최선을 다했다. 자식들의 미래는 결코 포기할 수 없는 어머니의 꿈이었다. 한은 영어로도 그냥 한이라고 하는데 영어로 표현할 수가 없어서이다. 한국 여인들에게 많은 병, 화병도 그렇다. 어머니는 화병이 나서 저렇게 요양병원에 누워 계신 것인지도 모른다. 어릴 때 어머니에게서 나를 혼나게 만들었던 그 동생들이 지금은 내게 큰 재산이다. 동생들이 많아서 요즘 나는 좋다. 동생들은 내가 만들 수도 없다. 오로지 어머니만 내게 만들어 줄 수 있다. 짱돌을 든 마애불 앞에서 두 손을 모은다. 나는 다시 어머니께 용서를 빌고 감사를 드린다. "우리들을 잘 키워 주시고 내게 동생들을 많이 주셔서 감사합니다."

나무꾼이 짱돌로 보았던 것은 사실 보주寶珠라고 한다. 보주를 들고 있는 입상보살과 반가보살이 새겨진 것은 특이한 형식이라고 한다. 어머니는 우리 자식들이 보주였으리라. 서산의 삼존불은 과거불과 현세의 불과 미래의 불을 조각한 것이다. 이곳에서 과거불을 보고 나는 과거로의 여행을 했고 이곳에 지금 서 있는 것은 현재의 나이고 또 이곳을 내려가면 나의 미래가 있을 것이다. 그러나 과거, 현재, 미래의 모든 시간은 서로 어울려 다 섞이어 있다고 한다. 하나 안에 모두가 있고 모두 안에 하나가 들어 있듯이….

이곳 부처님의 손 모양이 여원인與願印 즉 소원을 들어주겠다는 뜻이라고 하니 어머니가 좋아했던 부처님께 어머니를 위한 기도를 드린다.

"아픈 우리 어머니를 보살펴 주세요."

제3부

면류관

주말이면 고향 어머니께 가곤 했다. 그날도 새벽에 부리나케 일어나 아침을 먹는 둥 마는 둥 광역버스를 탔다. 고향에 가기 위해서는 의정부에서 광역버스를 타고 일동까지 가서 시외버스를 다시 갈아타야 한다. 그런데 광역버스 안에서부터 피부에 뭔가 발진 같은 것이 나오기 시작했다. 나는 피부병 같은 것을 앓은 적이 없기에 참으로 이상했다. 몇 시간 가는 동안에 반점 숫자가 많아졌다. 일동에 내려서 무작정 약국으로 달렸다. 약사님이 보더니 무슨 음식을 먹었느냐고 했다. 배추된 장국과 김치와 김을 먹었다고 했다. 어제 저녁도 오늘 아침도 같은 것을 먹었다고 했다. 더구나 겨울이었고 식중독을 일으킬 만한 음식은 먹지 않았다. 무슨 다른 일을 한 게 있느냐고 물었다. 어제 미장원에 가서 머리 염색을 했다고 하니 그것이 이유인 것 같다고 했다.

"어제 했는데요. 어제는 아무 이상이 없었는데 오늘 이렇게 두드러기가 나요?"

놀라서 묻는 내 물음에 독성이 퍼져서 그런 거란다. 길에서 넘어져서 무릎을 다쳐도 당일보다는 그다음 날 더 아픈 것이 우리 몸의 반응이라는 설명을 들었다. 고개를 끄덕이며 두드러기 약을 받아 들고 고향 집에 왔다. 어머니께서 내 몸의 두드러기를 보더니 걱정했다. "우리 식구들은 피부를 잘 타고났는데 이상하다." 하면서 안쓰러워 했다. 학교 다닐 때 여드름도 나 본 기억이 없는 나는 온몸의 두드러기가 난감하기만 했다. 가렵고 쓰리고 그 이상한 느낌. 다행히 며칠 동안 약을 먹으니 가라앉았다.

까맣던 머리에 흰머리가 하나둘 나기 시작하자 나는 그것이 싫었다. 아마도 나이가 들어간다는 것을 받아들이기가 싫었던 것 같다. 그래서 머리 염색을 열심히 했다. 그런데 두드러기를 앓고 난 이후로 머리 염색이 걱정되었다. 그래서 머리만 자르고 염색은 하지 않았다. 대신 집에서 염색했다. 좋다는 제품을 사려고 홈쇼핑이나 사람들의 염색약 이야기에 귀를 쫑긋했다. 그런데 코로나 때 모든 모임이나 배움 교실이 정지되니 염색할 일이 없어졌다. 내가 나를 보자고 머리 염색을 하지는 않는다.

코로나는 삶의 많은 부분을 변화시켰다. 고향의 어머니도 혼자 견디지 못해서 요양병원에 입원했다. 한동안 면회도 허용되지 않았다. 막혀 있던 요양병원 면회가 허용되었을 때 막내 여동생과 둘이서 어머니 면회를 했다. 나는 염색하지 않은 머리로 갔다. 그런데 막내 여동생이 나에게 지금 머리가 참 좋다고 했다. 아주 하얗지도 않고 고루고루 까만색과 흰색이 섞여 있는 반백이 참 보기 좋다고 했다. 그동안 왜 굳이 힘들게 염색했냐고 한다. 막내는 나랑 나이도 띠동갑이 넘게 차이가 난다. 젊고 이쁜 막내가 나의 흰머리가 좋다고 하니 의외였다. 나는 그때부터 머리 염색을 하지 않기로 마음먹었다. 더군다나 그 후에 만난 다른 사람들도 반백의 머리가 괜찮다고 오히려 예전보다 품위가 있어 보인다고 말해 주어 스스로 위안이 되었다.

옛날이나 지금이나 세상을 살아가는 데는 아는 것이 힘이다. 예전에는 나이가 든 사람들이 아는 것도 많았다. 농사를 지으려면 그들의 수많은 경험이 필요했다. 그런데 요즘의 새로운 문물은 젊은이들이 더 잘 알고 있다. 그래서 더 이상 노인들을 공경하지 않는 시대가 되었다. 그런 세상이라는 것을 알기에 나도 그렇게 염색하려고 애썼는지도 모르겠다.

좋은 머릿결을 타고났어도 그것을 잘 모르고 살았다. 첫아기를 배고 만삭이 되었을 때 미장원에서 파마를 했다. 그런데 바로 다음날 아기를 출산하게 되었다. 아들은 태어나서 한동안 피부에 발진이 나서 고생했다. 지금 생각해 보니 그것이 파마 약 때문인 것 같다. 그 어린 아기에게 나는 무슨 짓을 한 것인가. 아직 아들한테는 말도 하지 못했다. 출근할 때 더 예뻐지고 싶은 내 욕심이 만든 결과였다.

우연히 백발에 대한 글이 성경에도 있다는 것을 알게 되었다. "젊은 자의 영화는 그 힘이요, 늙은 자의 아름다움은 백발"이라는 내용이 잠언에 있었다. "백발은 영예로운 면류관이니 의로운 삶을 통해 얻는다." "늙은 자에게는 지혜가 있고 장수하는 자에게는 명철이 있다."는 구절도 있었다. 성경에서 백발은 지혜의 상징이었다. 나는 그 글을 읽고 희끗희끗한 반백발 내 머리에 나름대로 자부심을 느끼게 되었다.

그런데 어느 날 대중목욕탕에 갔는데 욕조에 머리가 하얀 할머니가 혼자 앉아 있었다. 나는 그곳에 들어가려고 하다가 멈추었다. 갑자기 들어가고 싶지 않았다. 머리 하얀 할머니 옆에 가고 싶지 않은 내 마음을 발견했다. 백발이 면류관이라는 글을 읽었음에도 내키지 않는 이 마음을 어찌하면 좋을까.

내 머리도 나날이 하얗게 변할 것이다. 나의 백발이 면류관이 되려면 어떤 삶을 살아야 할까. 나의 반백이 하얀 백발이 되기까지는 아직은 시간이 있다. 염색약의 독도 우리 몸에 퍼지기 위해서는 시간이 필요하듯이 무언가 나의 내면과 외면에 좋은 것을 채우는 것에도 시간이 필요할 것이다. 어떻게 마음의 수양을 해야 하나. 생각이 깊어가는 요즈음이다.

족두리 무덤

　의정부 천보산 기슭에 족두리 무덤이 있다는 이야기를 들었다. 족두리란 조선시대 여인들이 머리에 쓰던 장식이다. 고려사에 보면 원나라에서 왕비에게 고고리라는 것을 보냈는데 고고리와 이름이 비슷해서 족두리가 된 것이라는 설이 있다.
　초등학교 시절, 가을 운동회에서 여자아이들은 한복을 입고 고전무용을 했는데 그때는 꼭 족두리를 쓰고 했다. 족두리는 머리에 쓰는 아름다운 장식이었다. 북한산에 있는 족두리봉처럼 무덤의 모양이 족두리처럼 생겼나 보다 생각했다. 그런데 설명을 들어 보니 조선의 공주 무덤이란다. 어떤 운수회사의 뒤편, 작은 빌라 뒤로 허물어져 가고 있는 산소가 있었다.
　쌓여 있던 석축도 무너져 있고 여기저기 뒹구는 돌들도 보이고 덮여 있던 잔디도 깎여 거의 무너지고 있는 무덤이었다. 떼가 벗겨지니 메마른 흙이 여기저기 보여서 마치 벌건 속살을 보는 것 같아 나는 눈살을 찌푸렸다. 산소는 무너져 언젠가는 평지가 되고 하나의 점이 될 것만 같았다. 존재를 잃어가고 있는 산소였다. 그야말로 버려진 무덤이었다. 의정부 문화원에서 써 놓은 안내판이 없다면 누구의 무덤인지 조차도 모를 것이다.

청나라 섭정왕이었던 도르곤은 그의 아내가 죽자 혼인을 하기 위해 조선에 공주를 보내라고 요구했다. 조선의 왕에게는 공주가 있었으나 나이가 너무 어리다는 거짓말로 위기를 모면하고 부랴부랴 대신들의 여식들을 물색했다. 내로라하는 대신들은 다 빠져 나가고 가난한 종친 한 사람이 자신의 여식이 자색이 곱다 하였다. 왕은 이미 그 사실을 알고 있고 어제 이미 선택해서 들어오게 하였다고 했다. 그녀는 뽑혔고 조선의 왕은 그녀에게 새 이름을 지어 주었다. 대의에 순순히 따랐다는 뜻으로 의순義順이라고 짓고 효종은 그녀를 양녀로 삼았다. 그녀는 의순공주가 되었다. 곧이어 왕은 그녀의 아버지 금림군의 품계를 올려주고 그녀의 오라비 둘은 종9품 참봉과 종8품 별검에 임명했다.

족두리 묘 앞에 세워져 있는 의정부 문화원 안내판을 읽었다. 혼인하러 가던 의순공주가 오랑캐에게 몸을 더럽힐 수 없다고 하여 평안도 정주에 이르자 압록강에 몸을 던져 죽음을 선택했는데 시신은 찾을 수 없었고 그녀의 족두리만 떠올랐다고 한다. 사람들은 그 족두리를 가져와 장사지냈고 그 무덤을 족두리 무덤이라고 불렀다. 그리고 정주당 놀이라는 것을 만들어 그녀의 혼을 위로해 주었다는 내용이었다.

그러나 《조선왕조실록》에 의하면 그녀는 죽지 않고 청나라로 시집을 갔다. 그 당시 청나라의 왕은 몹시 어려서 도르곤이 섭정을 하고 있었다. 16세의 의순공주는 39세인 도르곤에게 시집을 간 것이다. 섭정왕 도르곤은 그녀를 어여삐 여겨 백송골이라 불렀다. 송골은 몽골어로 매를 뜻한다. 하얀 매처럼 아름답다는 뜻으로 의순공주의 미모를 은유한 표현이다. 그러나 결혼 후 1년도 안 되어 도르곤은 사냥을 나갔다가 죽고 만다. 그녀는 그 나라의 풍습에 따라 도르곤의 부하였지만 새로운 실세가 된 보로에게 재가를 하게 되었다. 그런데 그 보로마저 1년 만에 죽고 만다. 그녀는 타국에서 홀로 쓸쓸히 살고 있었다.

조선사절단의 일원으로 청국을 방문했던 그녀의 아버지가 청 황제에게 딸의 귀환을 간곡히 부탁했고 청 황제는 이를 수락했다. 청 황실에서도 그녀를 대우하기가 애매했기 때문이었다. 그녀는 고향으로 돌아왔지만 그녀가 맞이한 현실은 냉혹했다. 사람들은 그녀 또한 환향녀로 대했다. 조선 사회는 환향녀들에게 냉정했다. 전쟁 통에 붙잡혀 가서 온갖 고생을 하다가 목숨을 걸고 돌아온 그녀들에게 정절을 지키지 못했다고 손가락질 하고 집에서 쫓아내기 일쑤였다. 사대부들은 가문의 명예를 더럽힌다며 그녀들을 가까이 두기를 두려워하고 천시했다. 의순공주에게도 예외가 아니었다. 더구나 재가까지 했다는 사실은 욕을 더 먹을 수밖에 없었다. 조선 조정에서는 그녀의 아버지에게 멋대로 딸을 데려온 죄를 물어 삭탈관직하고 도성 밖으로 쫓아냈다. 7년 만에 돌아온 의순공주는 손가락질 받는 힘겨운 삶을 살다가 28세 나이에 세상을 떴다.

　어려운 나라에서 희생을 강요받는 사람들은 약자들이다. 가난하고 힘없는 사람들과 여자들이다. 의순공주의 족두리 무덤을 보며 가슴이 아파 한숨이 절로 나왔다. 의순공주의 무덤이 왜 시신은 없고 족두리만 묻혀 있는 무덤으로 바뀌었을까? 사람들은 왜 족두리 무덤으로 불렀을까? 나는 늘 궁금했었다.

　우연히 유명한 역사 선생님의 설명을 방송에서 들었는데 사람들이 일부러 그렇게 이야기를 만들었다는 것이다. 조선 사람들의 마음속에 오랑캐에게 몸을 더럽히느니 차라리 죽어야하지 않느냐는 그런 의식, 그래서 족두리만을 남겨 두기를 바랐던 그런 마음이 족두리 무덤 이야기를 만들었을 거란다. 정절을 지킨 여인으로 포장하고 싶었던 조선 사람들의 마음, 몸을 더럽힌 여인이 살아 돌아온 것이 죄라는 그런 마음이 족두리 무덤으로 바뀌어 전설 같은 이야기가 되었을 거란다. 아! 살아서도 죽어서도 슬픈, 조선의 여인 의순공주여.

　족두리 무덤 옆 그녀의 아버지 금림군의 무덤은 잘 가꾸어져 있다. 자손들이 잘 돌보는 듯하다. 의순공주는 출가외인이라고 돌보지 않은 것인가? 그녀 덕분에 종8품 종9품을 받은 오라비의 후손들일 텐데…. 내 마음에 차가운 바람이 분다.

　의정부 경전철을 타고 가는데 의순초등학교가 보인다. 의순공주의 이름을 따서 지었다고 했다. 저 학교 어린이들은 의순공주를 잘 기억하리라 생각하니 그래도 작은 위안이 된다. 자라나는 우리의 어린이들은 이런 슬픈 역사 속에서 살지 않기를….

고드름을 찾아서

　수북수북 눈이 내렸다. 그 다음날부터 차갑고 매서운 칼바람이 불었다. 강추위로 온 사방이 꽁꽁 얼어붙었다. 모처럼 내린 눈으로 하얀 솜이불을 덮은 도시는 동화에 나오는 마법의 나라처럼 보였다. 멀리 보이는 높은 산은 하얗게 우뚝 서 있어 그 모습이 거대한 신이 사는 범접할 수 없는 철옹성처럼 보이고 산 아래 경사지에 세워 놓은 자동차는 하얀 눈을 뒤집어쓴 채 웅크리고 있는 모습이 잠자고 있는 하얀 곰 같았다. 다시 날씨가 조금 풀어졌다. 낮에는 눈이 아주 조금 녹지만 아침, 저녁에는 볼을 얼게 하는 차가운 날씨였다. 센 바람은 없었다. 나는 직감적으로 알았다. 지금이 고드름을 찾아 나서야 할 시간이라는 것을….
　내가 자랄 때는 지천으로 있던 고드름이 요새는 보기가 무척 힘들다. 한겨울이면 집집마다 처마 밑에 주루룩 달려 있던 고드름. 개울가 계곡에 흐르는 물은 얼음으로 층을 이루고 그 층층마다 있던 고드름. 우리는 그것을 따서 먹으며 갈증을 달래고 칼싸움으로 승부를 가르기도 했다. 고드름은 잘 부러졌고 그 길이가 길게 남아 있는 사람이 이기는 것이다. 겨울이면 고드름을 빼놓고는 생각할 수 없는 어린 시절이다.

고드름을 만드는 조건은 눈이 와야 하고 처음에는 추워야 하고 그 다음에는 조금 녹을 정도로 약간 따듯해야 하고 다시 추워야 한다. 이런 과정 속에서 고드름은 생긴다. 눈 온 다음 바로 따뜻하면 금방 다 녹아 버려서 안 된다. 얼어 있는 상태에서 조금씩 녹아야 하고 살살 한 두 방울 녹아내리면서 다시 어는 것을 반복해야 고드름이 생긴다. 요즘은 이런 환경이 잘 안 만들어지나 보다. 하긴 눈조차 보기 힘든 겨울이다. 다행히 올해는 눈이 제법 왔다.

초등학교 1학년 손자와 나는 고드름을 찾아 나섰다. 아파트 단지를 벗어나 산길을 가기로 했다. 그곳에는 눈이 많이 오면 길가에 세워 놓은 차가 많았기 때문이다. 나는 손자에게 고드름 노래를 불러주었다. "고드름, 고드름 수정 고드름. 고드름 따다가 발을 엮어서 각시방 영창에 걸어놓아요." 아이는 잘 모르는 노래이리라. 노래를 불러 주다 보니 각시라는 말과 영창映窓이라는 말이 아이한테는 생소할 것 같다. 그래서 각시는 '아내'를 이르는 말이고 영창은 '방을 밝게 하기 위해 방과 마루 사이에 낸 두 쪽의 미닫이'라는 것을 설명하려다 그만둔다. 나도 얼마 전에야 찾아보고 안 내용이기 때문이다. 동요라고 생각했는데 아내에게 고드름을 따다 주는 이야기였구나 생각했다. 손자에게는 내년쯤에 설명해 주리라 마음먹고 나 스스로 아가 방과 창문으로 가사를 바꾸어서 불러 주었다.

"와!"

갑자기 아이가 환호성을 질렀다. 우리의 예상은 맞아떨어졌다. 경사진 언덕에 세워놓은 자동차에 고드름이 주렁주렁 달려 있었다. 나와 아이는 차에 생긴 고드름을 따기 위해 조심조심 다가갔다. 어떤 것은 차에서부터 땅까지 얼마나 큰 고드름이 연결되어 있던지 도저히 차가 움직일 수 없을 것 같았다. 그 고드름이 녹기 전까지 그 차는 꼼짝할 수가 없을 거라고 손자가 걱정을 했다. 고드름을 하나 따자마자 나는 손자에게 결투를 신청했다. 펜싱을 하는 것처럼 우리는 열심히 겨루었다. 고드름은 힘이 없어 금방 부러졌다. 뭉툭한 밑 부분만 남아 몽당연필처럼 되었다. 그걸로 아이의 옆구리를 찌르며 간질였더니 아이는 까르르 웃었다. 아이의 웃음소리가 멀리멀리 퍼졌다. 영화 《겨울왕국》에서 나왔던 것처럼 짧아진 고드름을 망원경처럼 생각하고 멀리 있는 것을 보았지만 선명하게 잘 보이지는 않았다.

손자는 장갑 낀 손 하나 가득 고드름을 따서 산길을 내려왔다. 소중한 이 고드름을 어찌할까가 관건이었다. 아이는 그냥 버리기에는 아까웠는지 아파트 화단 수북한 눈 속에 파묻어 놓고 가자고 한다. 우리는 화단 눈을 조금 파서 그 속에 고드름을 두었다. 손자는 나중에 학교 갔다 오는 길에 꼭 살펴보겠단다.

며칠 후에 3살짜리 작은 손자가 왜 형하고만 고드름을 따러 갔느냐고 투정을 부렸다. 다시 고드름을 찾아서 두 손자와 함께 길을 나섰다. 아무리 둘러보아도 고드름이 없었다. 눈이 온 지 며칠 되어서인지 어디에도 없었다. 그러다 신호등 앞에서 신호를 기다리는 중에 큰손자가 외쳤다. "할머니 저기~" 손자가 손을 들어 가리켰다. 사거리에 서 있는 커다란 신호등에 긴 고드름이 주룩주룩 달려 있었다. 나는 웃었다.

"아이고! 저것은 딸 수도 없고 참 아깝구나."

고드름을 손에 잡지 못한 아쉬움으로 아파트 안에 들어섰는데 꽁꽁 얼어 있는 연못이 보였다. 아파트 안에는 지름이 1미터와 2.5미터 정도인 타원형의 작은 연못이 있다. 그곳에는 출입금지라는 팻말이 붙어 있다. 여름에는 분수에서 물이 뿜어져 나오고 밤에는 형형색색 불이 켜진다. 나는 그곳의 출입금지는 여름철에만 해당되는 것이라고 생각했다. 물도 빼고 바닥에 조금 얼음이 얼어 있는 지금은 괜찮으리라. 나는 그곳에 손자들을 데리고 들어가서 얼음 위를 한번 걸었다. 그리고 한 아이를 앉게 하고 내가 선 채로 등을 돌려 뒤로 손을 뻗어 아이의 손을 잡고 끌어 주었다. 내가 어릴 때 수시로 했던 얼음지치기를 손자들에게 한번은 그 맛을 보게 하고 싶어서이다. 어느 첩보 영화에서는 고드름으로 총알을 만들어 적을 죽이는 이야기가 나온다. 몸에 들어간 고드름 총알은 장기를 파괴하고 녹아 버린다. 왜 죽었는지 오리무중이 된다. 손자랑 겨루며 내 몸에 닿았던 고드름은 땅에 떨어져 녹았는데 내 마음엔 아직 작은 고드름이 녹지 않고 있나 보다. 고드름 생각이 떠나지 않는다.

병이 깊어진 어머니가 고향집을 떠나 요양병원으로 가시던 날도 이렇게 고드름이 있는 겨울이었다. 대절한 택시를 기다리는데 택시가 생각보다 늦었다. 어머니는 툇마루 끝에 힘없이 걸터앉아 있고 무료한 나는 집을 한 바퀴 돌았다. 그때 뒷집 비어 있는 집 처마에 있던 고드름. 나는 하나를 따다가 어머니께 보여드렸다. 아픈 어머니가 희미하게 웃었다. 아픈 사람도 웃게 만드는 고드름의 힘. 문득 고드름은 겨울에 피는 꽃이 아닐까 생각했다. 어머니는 몸이 아파도 집 주변에 항상 꽃을 가꾸셨다. 지금이 꽃피는 계절이면 나는 어머니께 꽃을 드렸으리라. 병들어 고향을 떠나는 아픈 엄마를 위해 따다가 보여주고 싶은 꽃. 사랑하는 아내를 위해 따다 영창에 걸어 주고 싶은 꽃. 겨울에만 피는 꽃. 병원에서 두 번의 겨울을 보내시는 어머니. 언제 또 어머니께 고드름을 따다 드릴 수 있으려나.

고드름이 뉴스에도 나왔다. 마이산 은수사 탑사에 놓인 정화수 그릇에서 하늘로 향해 솟아오른 고드름이 생겼단다. 중력을 거스른 듯한 그 모습을 보려고 방문객이 줄을 잇는다는 내용이었다. 과학적인 설명으로는 물을 담아 놓은 그릇의 바닥과 가장자리부터 물이 얼기 시작하면 부피가 팽창하면서 가운데 얼지 않은 물을 위로 밀어 올리게 되는데 추위로 인해 그 밀려 올려진 물이 차츰 얼게 된다는 것이다. 우리나라에는 철원 폐광과 몇 군데에서 역고드름을 볼 수 있다고 한다.

입춘이 지나자 아파트 연못의 얼음이 녹았다. 작은 얼음 몇 조각이 둥둥 떠 있다. 작은손자와 나는 연못가에 서서 손을 흔들었다.

"안녕. 잘 가. 다시 겨울이 오면 만나."

다시 겨울이 오면 이번에는 역고드름을 찾아 나서야겠다.

도토리와 원숭이

　작은 소슬바람이 불어와 볼을 스치는가 했는데 후두둑 소리를 내며 도토리가 떨어졌다. 머리에도 어깨에도 발등 위로도…. 원래 이 길은 작고 얕은 산길이어서 사람이 많지 않았다. 산 좋아하는 사람들은 깊은 곳으로 가고 길 편한 것을 좋아하는 사람들은 근처의 잘 닦인 길을 가기 때문이다. 몇백 미터쯤 가면 한둘 만날까 말까 한 산길이었다. 그런데 도토리가 떨어지는 계절이 오니 이 작은 산길에도 사람들의 발길이 많아졌다. 도토리를 줍기 위해 사람들은 봉지를 하나씩 들고 이쪽에서도 저쪽에서도 불쑥불쑥 나타났다. 도토리는 도톨도톨하다는 뜻에서 이름이 왔으리라 생각하는데 사실은 (멧)돼지가 좋아하는 밤이라서 돼지의 옛말 '돝'에서 그 이름이 왔다고 한다. 도토리를 줍는 사람들은 도토리묵을 만들 거라고 했다. 음식을 하는 것에 관심이 없는 나는 도토리를 주워야겠다고 생각한 적이 없다. 더군다나 밤이나 도토리 등을 인간들이 싹 쓸어가서 야생동물들 먹을 것이 없다는 말을 들었기에 발에 차이는 수많은 도토리를 보면서도 그냥 지나쳤다.

어느 날 조삼모사朝三暮四 이야기를 읽고 손자들에게 도토리를 보여주고 싶어졌다. 그것이 도토리 이야기였다. 학생 시절부터 들었지만 그것이 도토리 이야기인지는 까맣게 잊고 있었다.

"다람쥐야. 청솔모야. 미안해. 몇 개만 가져갈게."

나는 숲에 대고 소곤소곤 말하고 도토리 일곱 개를 주웠다.

옛날 송나라 저공이라는 사람이 원숭이를 특히 좋아해서 집에서 수십 마리를 길렀는데 오랫동안 키우다 보니 어느덧 의사소통도 가능해졌다. 그런데 어느 시점에 가세가 기울어 결국 먹을 것이라고는 도토리밖에 남지 않았다. 저공이 아침에 세 개, 저녁에 네 개 준다고 하자 원숭이들이 일제히 화를 냈다. 아침에 네 개, 저녁에 세 개 준다고 하자 원숭이들이 기뻐했다. 어리석은 원숭이들. 이렇게 배웠던 거 같다.

드디어 도토리를 들고 손자들을 보러갔다. 신문지를 펴 놓고 도토리를 올려놓았다. 초등학교 1학년 그리고 3살짜리 손자가 신기한 듯이 들여다보았다. 나는 큰손자에게 조삼모사 이야기를 해 주었다. 아침에 3개, 저녁에 4개 준다고 하자 원숭이들이 화를 내었고 아침에 4개, 저녁에 3개 준다고 하자 기뻐했다고 이야기했다. 신문지 위에서 도토리 세 개를 손자에게 먼저 주고 다시 도토리 네 개를 주었다. 다시 도토리를 가져와 이번에는 네 개를 먼저 주고 세 개를 손자 앞으로 밀어 주었다.

"어! 7개 숫자는 똑같은데요?"

숫자를 아는 1학년 손자가 말했다.

"그래, 그래서 똑같은 건데 일시적인 걸로 화내거나 하면 안 된다는 얘기래."

숫자를 아는 1학년 손자는 웃으며 재미있어 했다. 그런데 3살짜리 손자는 숫자를 모르니 흥미가 없다. 나는 생각을 바꾸어 작은손자에게는 언젠가 읽었던 동시를 들려주었다. "도토리 너무 작구나." 하면서 얕보다가 도토리가 머리에 떨어지자 "아얏!" 하면서 "도토리 너 알맞구나." 하는 동시였다. 나 또한 산길에서 머리에 떨어지는 도토리를 맞아 보았기에 '더 큰 도토리였으면 어쩔 뻔했나.' 하고 생각한 적이 있었기 때문이다. 작은손자는 그 이야기가 참 마음에 들었나 보다. 손에 도토리를 들고 일어나 자신의 머리에도 떨구어 보고 내 머리에도 떨구어 보면서 "아얏. 너 알맞구나." 하면서 즐거워하였다. 그래서 모든 교육에는 단계가 있나 보다. 왜 높은 단계는 안 가르쳐 주시냐고 교육생이 물으면 그냥 웃기만 하시던 구당 선생님이 생각났다. 우리들의 단계가 아직 못 미쳤기 때문이었다.

신문지 위의 도토리를 이리 굴리고 저리 굴리며 보고 있을 때 밖에 잠시 나갔던 아이들을 돌보시는 이모님이 들어오셨다. 신문지 위에 뒹구는 도토리를 보더니 기겁을 한다. 반드시 벌레가 나올 텐데 하면서….
"그래요?" 나는 놀라서 신문지 위에 있는 도토리를 바라보았다. 두 아이도 엎드려서 도토리에 눈을 멈추었다. 정말이었다. 모든 도토리에서 살금살금… 꿈틀꿈틀… 하얀 벌레들이 나오고 있었다. 이모님은 자신은 벌레가 너무 싫다고 했다. 그런데 나는 시골에서 자라서 그런지 벌레가 있어도 무섭거나 징그럽지 않다. 그저 그런가 보다 한다. 손자들이 어린데다 순진해서인지 아니면 벌레에 초연한 나를 많이 보아서인지 하나도 놀라지 않고 신기하게 조용히 관찰하고 있다. 예전에 손자들이 밖의 화단에서 작은 벌레를 보고 소리를 지르면 나는 손자들에게 말했다. 벌레가 우리보다 더 놀랬을 거라고. 걔네들이 우리를 보면 너무 거인이라 걔들이 소리를 질러야 한다고. 나는 누누이 강조했었다. 도토리 일곱 개에서 하얀 벌레가 다 나오자 우리는 신문지 채로 들고 화단에 가서 도토리와 벌레들을 놓아 주었다.

산길에서 바람이 불지 않아도 도토리 달린 작은 가지가 떨어지곤 했는데 도토리거위벌레 때문이란다. 도토리에 알을 낳은 후 일부러 도토리나무의 작은 가지를 잘라 땅으로 떨어지게 해서 벌레들은 도토리를 먹고 자라고 그 후 땅속에 들어가 다음 날을 준비한다. 세상의 오묘함이 놀랍기만 하다.

조삼모사 이야기를 읽고 어떤 이는 저공의 훌륭함에 대해 이야기했다. 원숭이들의 의견을 받아들인 점이 훌륭하단다. 그냥 밀어붙일 수도 있는데 소통하려고 애쓰고 그들의 이야기를 들어준 점이 대단하다고 했다. 또 어떤 사람들은 원숭이들이 어리석지 않다고 했다. 낮에 주로 활동하는 원숭이는 아침에 많이 먹어야 활동에 유리하고 저녁엔 자야 하기 때문에 적게 먹어도 된단다. 원숭이들은 자신들을 잘 알기에 그렇게 선택했는데 인간들이 편견을 갖고 원숭이들을 어리석다는 평가를 한 것이란다. 소통하고자 했던 저공과 자신들의 의견을 당당히 밝혀 자신들이 원하는 것을 얻은 원숭이들을 생각해 보았다.

　도토리 하나를 만져 본다. 이렇게 작은 것에도 많은 이야기가 있다. 나는 키가 작아서 주변에 키가 작은 친구가 많았다. 사람들은 '도토리 키 재기'라고 우리를 놀렸다. 살아가다 보니 비슷한 안건을 두고 서로 싸울 때 이 말을 썼다. '개밥에 도토리'는 왕따를 시킬 때 쓰는 말이다. 요즘 왕따로 인한 학교 폭력이 최대의 화제다. 이렇게 작은 것에도 이토록 많은 이야기가 있다. 어찌 사람보다 작다 말하리. 작아도 하나의 우주 삶의 신비다.

빚도 갚고 저축도 하고

"할머니. 나 힘들어서 오늘은 학원에 못 가겠어요."

여섯 살 작은손자의 얼굴을 보니 핼쑥하고 갸름해졌다. 기운도 없어 보였다. 손자는 엊그제 외갓집 증조할머니 장례식에 참석했다. 카톡에 올라온 사진 속, 장지에 따라간 손자들의 모습이 생각났다. 증조할머니 영정사진을 앞에 두고 가장 앞쪽에 두 손자가 서 있다. 사진 속에는 세찬 바람이 불어서 그곳에 서 있는 사람들의 머리가 흩날리고 있었다. 한파에 강풍까지 맹위를 떨치는 중이라 어른도 힘들고 아이들도 힘들었을 것이다. 나는 잠깐 갔다가 왔는데 손자들은 이틀 동안 그곳에 있었다.

오늘은 금요일, 손자들을 보는 날이다. 큰손자가 학원에 간 후 작은손자가 유치원에서 왔다. 집에 도착하자마자 집에서 하는 방문 학습지를 한 시간 동안 했다. 그런데 작은손자가 다시 학원에 가야 되는데 힘이 들어 못 가겠다고 하는 것이다. 나는 작은손자에게 방에 가서 잠을 한숨 자라고 했다. 그리고 며늘아기에게 문자를 보냈다. "둘째가 힘들어서 학원을 못 가겠대요." 답장이 왔는데 다음 보강을 잡기 어려워 꼭 가야 한단다. 학원 갔다 오면 옥토넛을 보여준다고 설득을 해 달라는 문자가 다시 왔다. 나는 갑자기 정신이 번쩍 났다. 학원 가야 된다고 손자를 달랬다. 손자가 시무룩해졌다. 나도 모르게 말이 나왔다.

"할머니가 한번 업어 줄까?"

아이는 얼른 내 등에 업힌다. 손자는 등에 업히니 기분이 조금 좋아진 듯하다. 나에게 일어나보라고 해서 끙끙대며 일어났다. 손자의 몸무게가 20킬로지만 힘이 들었다. 둥가둥가 하면서 거실을 조금 걸었더니 허리가 뻐근하다. 학원을 가기 위해 씽씽카를 꺼냈다. 지난주에는 아이가 씽씽카를 타고 어찌나 달리던지 나는 그 애를 쫓아가느라 달리고 또 달렸었다. 그날 허벅지에 알이 배었고 한 주일 내내 끙끙댔다. 그런데 손자가 오늘은 기운이 없어 씽씽카도 못 타겠다고 한다. 자신은 가만히 올라타 있는 상태로 나더러 끌고 가라고 했다. 나는 오른손을 뻗어 낑낑대고 씽씽카를 끌고 갔다. 그런데 방향이 내 마음대로 되지를 않는다. 울퉁불퉁한 보도블록이 방향을 이리저리 틀어지게 하여 엉뚱한 방향으로 가기 일쑤이다. 손목에 여간 힘을 주지 않으면 안 된다. 오른손 손목에 통증이 온다. 겨우 학원에 도착해서 교실에 들여보냈다. 아들이 퇴근해서 오자 허리도 아프고 손목도 시큰거리니 나는 서둘러 길을 나섰다.

　의정부 집에는 시어머니가 나를 기다리고 있다. 버스 환승역 반찬가게에서 반찬을 샀다. 어머니는 이 가게의 반찬은 타박하지 않았다. 바나나 우유와 요구르트 그리고 호박죽과 여러 가지 1회용 국수 종류를 식탁 위에 죽 늘어놓고 왔는데 아직 식사를 안 하셨으리라 생각되었다. 집에 도착하니 어머니는 텔레비전을 보면서 뜨개를 하고 있다. 어머니가 지나간 드라마를 보면서 뜨개를 한다는 것을 굉장히 몸이 쾌청하다는 뜻이다. 나는 부랴부랴 국을 데워 저녁상을 차렸다. 모처럼 반찬이 입에 맞았는지 어머니는 저녁 식사를 많이 하셨다. 이렇게 어머니와 같이 식사할 때면 요양병원에 계신 친정어머니가 생각났다. 어머니가 강원도에 혼자 계실 때 내가 더 자주 가서 이렇게 식사를 챙겨 드렸으면 어머니가 요양병원에 더 늦게 갈 수도 있었을 텐데 아쉬운 생각이 들었다. 요양병원의 어머니께도 매주 한 번씩 면회는 가고 있지만 죄송한 마음이 크다. 양쪽 어머니와의 대화는 손자들 이야기이다. 손자들이 무슨 말을 했고 내가 손자들과 이렇게 저렇게 놀았다는 이야기를 들려드리면 그렇게 좋아할 수가 없다. 손자들 이야기에 어머니가 호호호 웃으셨다. 설거지하는데 갑자기 손목이 욱신거렸다. 허리에도 다시 통증이 왔다. 얼른 파스를 하나 찾아 손목에 붙였다. 그리고 허리에도 하나 붙였다. 파스 냄새가 집안에 진동해도 아이들 모습을 떠오르니 입가에 웃음이 절로 흐른다.

　문득 어떤 글이 생각났다.

조선시대 한 임금이 밤중에 미복 차림으로 미행을 다녔다. 어느 날 밤 허름한 작은 오두막집을 지나는데 집안에서 웃음소리가 흘러나왔다. 양반들이 사는 기와집을 지나면서도 듣지 못했던 웃음소리에 임금은 어리둥절했다. 그 까닭을 알아보기 위해 오두막집에 들어가 주인에게 물을 한 사발 청했다. 그 사이 임금은 방안을 살펴보았다. 방안에는 수염이 하얀 할아버지가 새끼를 꼬고 있고 올망졸망한 어린아이들은 짚을 고르고 있고 할머니는 빨래를 밟고 있고 부인은 옷을 깁고 있었다. 가족들의 얼굴들이 어찌나 밝고 맑은지 도무지 근심 걱정이라곤 없는 것 같았다. 임금이 물었다.

"사는 형편이 어려운 것 같은데 무슨 좋은 일이라도 있소? 밖에서 들어 보니 이곳에서 웃음소리가 끊이지 않더이다."

주인은 웃는 얼굴로 이렇게 대답했다.

"빚도 갚아가며 저축도 하면서 살고 있지요. 그래서 웃음이 나는가 봅니다."

궁궐로 돌아온 임금은 금방 쓰러질 것 같은 오두막에 살면서 빚도 갚고 저축도 한다는 말에 궁금증이 풀리지 않았다. 다음날 임금은 신하를 시켜 어젯밤 그 집에 감춰진 재물이라도 있는지 조사해 보라고 했다. 하지만 그 집에는 정말 아무것도 없었다. 임금은 다시 그 집에 찾아가 주인에게 전에 했던 말의 뜻을 물었다. 그러자 주인이 웃으면서 대답했다.

"부모님 공양하는 것이 곧 빚을 갚는 것이고 이렇게 아이들을 키우니 이게 바로 저축이 아니겠습니까. 이보다 더 좋을 수가 없으니 저절로 웃음이 나올 수밖에요."

나는 지금 빚도 갚고 저축도 하고 있다.

서울 가서 살자

사촌 올케한테서 전화가 왔다. 춘천으로 이사를 한단다. 올케는 서울에서 나고 자라서 그야말로 서울이 고향인 사람이다. 그런데 서울은 삭막하고 포근하지 않다고 느끼고 있던 차에 자식들이 결혼해서 다 떠난 지금, 서울을 떠날 적기로 생각해서 이사 계획을 잡았다고 했다. 올케는 큰아버지의 큰며느리이다. 큰아버지는 화천의 내 고향 이웃 마을에 살았고 올케는 그 집의 큰며느리로 시집을 왔다. 서울 산업은행에 근무했던 뛰어난 인재이고 키도 크고 외모도 출중한 올케는 마음도 착해서 우리 집안의 자랑이 되었다. 올케는 시집을 와서 강원도 시댁을 왔다갔다 할 때가 참 좋았다고 했다.

큰아버지 큰어머니는 노년기에 접어들자 여러 가지 병으로 고생했다. 먼저 큰어머니에게 중풍이 왔다. 큰아버지보다 열 살이 아래인 큰

어머니는 중풍으로 누워 있고 열 살 많은 큰아버지는 병수발을 했다. 큰아버지는 친척들에게 툴툴거리며 말했다. 결혼할 때 주변 사람 모두가 열 살이나 아래인 아내를 얻는다고 도둑놈 취급을 했는데 이렇게 나이가 들어 젊은 아내가 먼저 병이 들어 자신이 병수발을 해야 하니 젊어서는 도둑놈이라고 욕은 욕대로 먹고 늙어서는 젊은 아내 병수발을 하니 힘은 달리고 기가 막힌다고 했다.

나이 차이가 많은 까닭인가 큰아버지는 큰어머니를 애지중지했다. 추운 겨울날에는 항상 큰아버지가 먼저 일어나 부엌 아궁이에 불을 피우고 물이 펄펄 끓어 부엌이 훈훈해지면 그다음에야 큰어머니를 깨워 부엌에 나오게 했다. 그와 반대로 우리 아버지는 곤히 자는 어머니를 흔들어 깨웠다. 아궁이가 식어 추우니 빨리 가서 불을 피우라고 했다. 아버지는 가사 일을 도와주는 사람이 아니어서 식구 많은 집, 끝없는 일들은 어머니 차지였다. 어머니는 큰어머니를 참 부러워했다. 어쩜 그렇게 형제가 성품이 다르냐고 했다.

세월이 흘러 큰아버지의 지극정성과 현대 의학의 발달로 큰어머니의 병이 많이 좋아졌다. 그런데 이번에는 큰아버지가 위암에 걸렸다. 우리 고향 마을은 시골이라 병원에 가려면 춘천을 가야 한다. 큰아버지 큰어머니는 말년에 춘천 병원에 입원과 퇴원을 수없이 반복하며 살았다. 큰아버지의 위암이 몇 년의 세월을 지나 완쾌 판정을 받았다. 우리가 그 소식을 듣고 기뻐한 지 얼마 지나지 않아서 갑자기 두 분의 부고 소식을 들었다. 교통사고로 한날한시에 하늘나라로 가셨다. 믿기지 않는 현실이었다. 사이가 너무 좋아서 한날한시에 가셨나 싶기도 하다. 가끔 신문이나 방송에서 잉꼬부부들이 나와 한날한시에 가기를 원한다고 말할 때마다 나는 마음이 차갑게 식어 냉랭해지곤 한다. 그것은 교통사고 밖에 없다고 나는 생각하기 때문이다. 두 분의 장례식도 춘천 병원에서 했다.

올케는 몇 년 전에 뇌종양을 앓았다. 병원에서 기약할 수 없다고 했는데 기도의 힘으로 수술이 잘되어 완쾌되었다고 한다. 고왔던 올케의 얼굴은 수척해졌다. 수척해진 올케를 볼 때마다 착한 사람이 우리 집안에 시집와서 고생을 많이 했구나 싶기도 하다. 올케는 시부모님의 병원 입원과 퇴원, 그리고 장례 등으로 춘천에 많이 오고 가고 했던 탓인지 이 작은 도시 춘천이 참 좋다는 생각이 들었단다. 화천 시댁은 너무 작은 시골이라 병원이 없고 서울은 너무 커서 삭막하기만 하고.

나는 항상 서울이 좋았다. 고향 동네 신작로를 서울로 가는 버스가 먼지를 뽀얗게 일으키며 달리면 그 버스를 따라 서울로 가고 싶었다. 산으로 빙빙 에워 쌓인 작은 마을에 큰 개울이 하나 있고 그곳에 큰 다리가 있다. 그 다리에 올라 흘러가는 물을 하염없이 바라보면서 나도 언젠가 고향을 떠나 저렇게 흘러가기를 소망했다. 그 끝은 언제나 서울이었다.

나는 요즘 시어머니 혼자 계신 의정부로 와서 살게 되었다. 나는 수시로 서울을 들락날락한다. 내가 아는 모임이나 다니는 공부방들이 다 서울에 있기 때문이다.

어느 날 밤 텔레비전에서 어떤 가수가 '서울 가서 살자'라는 노래를 부른다고 했다. 저런 제목을 가진 노래도 있구나 싶었다. 내 마음을 노래한 것인가 보다 생각했다. 그날 나는 그 노래를 들으며 울었다.

올케가 이사한 춘천집에 가 보았다. 올케는 고운 모습을 되찾아가고 있었다. 춘천에 오니 좋다는 춘천 예찬을 들으며 형님은 어디서 살고 싶냐고 나에게 물었다.

"서울 가서 살고 싶어. 어릴 때부터의 꿈이었어."

내 말에 올케는 깔깔 웃었다. 그리고 고개를 끄덕였다. 내 말을 이해해 주어 고마웠다.

아프다는 것은

 "폼페이 유적지에서 화산석 파편 하나를 몰래 가져간 여인이 1년 후 유방암을 앓게 되었다."로 시작하는 인터넷 기사가 내 눈에 들어왔다. 그녀는 암을 앓으며 괴로워하다가 문득 화산석 때문이라는 생각이 들었고 그 화산석을 폼페이 고고학 공원 소장에게 사죄의 편지와 함께 돌려보냈다고 한다.
 화산 폭발로 멸망한 항구도시 폼페이는 유물을 훔쳐 가는 관광객과 도굴꾼들로 큰 어려움을 겪고 있는데 언제부터인가 사람들 사이에서 '폼페이의 저주'라는 말이 생기기 시작했다. 폼페이의 물건을 훔쳐 가져가는 사람들에게는 안 좋은 일이 생긴다는 것이다. 이곳에서 물건을 몰래 가져간 사람들이 질병이나 경제적 어려움 등의 아픔을 겪다가 스스로 물건을 반환한 사례가 많아졌다. 그런 사람들이 반환한 유물을 전시하는 특별 전시 공간을 폼페이에서는 운영하고 있을 정도라고 한다.

그 기사를 읽으며 나는 예전에 뜸사랑 봉사실에서 만났던 몸이 아픈 할머니들이 생각났다. 몸이 아픈 할머니들은 늘 나에게 하소연했다.

"내가 전생에 무슨 죄를 지어서 이렇게 병이 들고 아플까요?"

할머니들은 그들이 믿고 있는 하나님이나 부처님이 자신들이 잘못한 것에 대해서 벌을 주어서 이렇게 아프다고 했다. 나는 아무런 말도 할 수 없었다. 그저 할머니들의 하소연을 묵묵히 들어주는 수밖에는. 때로는 내 침묵이 그 할머니들의 생각에 동조하는 것 같아서 마음이 불편했다.

그러고 보면 사람의 생각이란 것이 동서양이 크게 다르지 않은가 보다. 고통을 뜻하는 영어 페인(pain)은 라틴어 포에나(poena)에서 왔는데 처벌, 벌칙을 뜻한다고 한다. 폼페이 유적지에서 화산석 하나를 몰래 가져간 그 여인처럼 우리의 할머니들도 몸이 아프니 그런 생각을 하나 보다. 정말 하나님이나 부처님은 그렇게 벌을 주는 무서운 분들일까? 나는 의문이 들면서도 마음속에는 신들에 대한 두려움이 슬그머니 생기기도 했다.

유명한 신부님의 강연을 듣게 되었다. 하나님은 용서하는 하나님, 은혜의 하나님이지 벌을 주는 하나님이 아니라고 했다. 또 유명한 스님의 강의도 듣게 되었다. 부처님은 자비의 부처님이지 벌주는 부처님이 아니라고 했다. 나는 의아했다. 그런데 사람들은 왜 그렇게 생각하게 되었을까.

어느 날 텔레비전에서 세계사 강의를 듣게 되었다. 하나님은 용서의 하나님, 은혜의 하나님이고 부처님은 복 주시는 부처님, 자비의 부처님 이라고 많은 경전에 나와 있다고 한다. 그러나 간혹 아주 드물게 벌을 주는 내용이 조금 있긴 했는데 후대에 갈수록 무섭게 벌주는 내용이 더 크게 강화되었다고 한다. 백성을 다스리는 자들과 종교 지도자들은 신들을 무섭게 만드는 것이 사람들을 장악하기 더 쉽다고 생각했기 때문이란다. 큰 두려움에 떨면서 신이나 왕에게 더욱 복종하게 만들려고 이런 이야기들이 증폭된 것이라고 했다. 나는 충격을 받았다. 원래 선하고 착한 신들을 인간들이 자신의 지배 욕구를 강화하기 위해서 그렇게 만들었다니 놀라웠다.

그리고 보니 인도 여행을 할 때 들었던 설명도 생각났다. 인도에도 여러 신들이 있다. 그중에서 유명한 신은 창조의 신인 브라마, 파괴의 신인 시바, 평화의 신인 비슈이다. 나중에 인간들은 점점 파괴의 신인 시바를 가장 무서워하고 두려워해서 더 경배하게 되었고 그로 인해 그 이름은 널리 사방으로 알려지게 되었다. 나처럼 인도를 잘 모르는 사람도 시바신의 이름은 알고 있으니 두려움이란 힘이 세다.

아프다는 것, 통증을 느끼는 것은 신이 벌주는 것이라고 생각할 만큼 인간을 나약하게 만드는 강한 힘이 있었다. 어느 날 "통즉불통通則不痛 불통즉통不通則痛, 통하면 아프지 않고 통하지 않으면 아프다."라는 글을 읽었다. 《동의보감》에 있는 글이다. 우리 몸의 기나 혈이 잘 통하면 아픔이 없는 것이고 기나 혈이 막혀서 잘 통하지 않으면 아프게 된다는 뜻이다. 나는 이 글의 간단명료함에 무릎을 쳤고 정신이 번쩍 들었다. 그 후에 나는 봉사실에서 아픈 할머니들이 자신들이 죄를 지어서 아프다는 하소연을 할 때마다 작은 목소리로 부연 설명을 해 주었다.

"할머니 걱정하지 마세요. 죄를 지어 아픈 게 아니고요. 지금 몸의 기혈이 조금 막혀 있어서 아픈 거예요. 뜸도 뜨고 병원 치료도 잘 받으시면 곧 괜찮아지실 겁니다."

그 말을 듣고 할머니들의 입가에 작은 미소가 번지는 것을 나는 보았다. 그러나 그 후에도 할머니들의 삶의 하소연은 계속되었다. 어찌 보면 할머니들이 올 때마다 매번 이렇게 자신들이 아프다고 하소연하는 것은 자신들의 말을 들어주는 사람이 주변에 없어서인지도 모르겠다. 통하면 아프지 않게 되는 것은 어찌 몸의 문제이기만 할까. 사람의 마음 또한 이와 다르지 않으리라. 내가 겪은 수많은 갈등은 의사소통이 제대로 되지 않아서 생긴 것이 다반사였다. 마음이 아프면 곧이어 몸도 아파지곤 했다.

할머니들의 하소연을 듣고 있으면 강원도 어머니가 생각난다. 어머니가 혼자 고향을 지키고 있을 때 어쩌다 고향 집에 가면 어머니는 밤새워 이야기했다. 지금은 요양병원에 있는 어머니는 면회를 가면 요즘은 침상에 누워 있는 그대로 침대 채 면회실로 나온다. "큰딸 왔네." 이렇게 한 말씀만 하곤 말이 없다. 더 이상의 말은 힘들어 못 하신다. 고향에 더 자주 가서 어머니의 이야기를 많이 들어드렸더라면 어머니의 병이 이렇게 일찍 오진 않았을 거란 생각이 요새 부쩍 많이 든다.

내 경험으로 아프다는 것은 그것이 존재한다는 것을 느끼게도 했다. 산길을 내려오면서 꼬리뼈를 다친 적이 있었다. 꼬리뼈가 있다는 것을 학교에서 배운 적이 있지만 나는 나에게 꼬리가 있다고 생각한 적이 없다. 그런데 꼬리뼈가 아프니 꼬리의 존재를 알게 되었다. 발톱이 아프면 발톱이 있다는 것을, 머리가 아프면 나에게 머리가 있다는 것을 알게 되었다. 내가 아프면 내가 존재하게 되는 것을 알게 된다고 어디에선가 읽은 기억이 있다. 또한 내가 있다는 것을 알게 되면 차츰 남도 있다는 것을 알게 된다고 했다.

나는 가끔 아프다. 몸이 아플 때도 있고 마음이 아플 때도 있다. 다른 사람의 생각과 의견과 행동이 나와 달라서 나는 아프다. 그러나 나는 아직도 내가 아프면 내가 있다고 느끼는 수준에만 머물러 있다. 나와 다른 남이 있다는 것을 알게 되는 날은 언제쯤일까.

옥광밤을 먹으며

휴식 시간에 밤 한 톨을 입에 넣었다. 어찌나 달고 맛있는지 자꾸 손이 간다. 온종일 서서 뜸을 떠 주느라 쑥 빠졌던 기운이 다시 펄펄 살아났다. 물러나지 않고 버티던 더위, 그래서 더디 온다고 투정 부렸던 가을. 그 풍요롭고 달콤한 가을의 맛이 입안에 가득 넘친다. 남자 봉사자 한 분이 고향집 뒷동산에서 딴 것이라고 밤을 가지고 온 것이다. 옥광밤이라고 했다. 밤도 여러 종류의 이름이 있는 줄 처음 알았다. 옥처럼 빛난다는 그 이름이 참 멋스럽다. 동글동글한 모양으로 이쁜 옥광밤은 다른 밤보다 단맛이 강하고 고소했다. 한국의 기후에 적응할 수 있도록 개발된 국산 밤으로 병충해에 강하다고 한다. 천안 근교인 고향 마을엔 요즈음 마을 사람이 별로 없어 밤 딸 사람도 없다고 한다. 그래서 친구들과 가서 밤을 땄는데 우리 봉사자들을 위해서 가지고 왔단다. 그렇게 어렵게 딴 밤을, 또한 무게도 만만치 않은 밤을 챙겨 온 봉사자님 덕에 가만히 앉아서 가을을 맛보니 그저 감사하다.

"어머니도 안녕하시지요?"

내가 남자 봉사자분께 물었다. 남자 봉사자분은 환하게 웃으며 잘 계시다 답했다. 작년에 우리 봉사자들은 단체로 그분의 고향 석지골을 방문한 적이 있었다. 그분이 고향 집 바로 옆에 있는 밭에 무 농사를 지었고 그 무를 캐어 동치미를 몇 항아리 담갔다고 했다. 무거워서 갖다 줄 수는 없으니 가져가고 싶은 사람은 와서 가져가라고 했다. 우리는 총무님의 봉고차로 그곳에 갔다. 총무님은 우리에게 항상 차량 봉사를 해주신다. 플라스틱 2.5리터 우유 통에 천일염으로 만든 진한 국물을 담고 비닐 팩에는 동치미 무를 따로 넣어서 가지고 왔다. 좋은 땅에 심은 무와 석지골의 맑고 좋은 물로 담근 동치미는 우리 가족들이 정말 맛있다고 하며 겨울 내내 먹었다. 시골집에 혼자 사는 100세 가까이 되는 머리 하얀 봉사자님의 어머니는 우리의 방문을 기뻐했다. 아들인 남자 봉사자분은 이 시골집에 수시로 간다. 거의 일주일에 한 번씩 가면서 어머니를 돌본다.

이분의 어머니는 새어머니라고 한다. 봉사자분이 중학생이 되었을 때 친어머니가 돌아가셨는데 아버지가 재혼을 했다. 큰형과 새어머니 나이 차이가 열 살 정도밖에 나지 않았다. 막내는 아직 어린 나이라 어머니가 절대적으로 필요한 시점이었다. 그렇게 온 새어머니는 두 딸을 낳았다. 봉사자분은 중학생이라 이미 객지 생활을 시작한 상태였지만 동생들은 차별받으면서 크느라 고생이 많았단다. 그런데도 봉사자분은 새어머니께 효도해야겠다고 생각했다. 새어머니의 친딸들이 어머니께 잘 못하는 것이 자신의 눈에 들어왔고 그분이 아니었으면 아버지를 누가 돌보고 막냇동생은 누가 돌보았겠는가 항상 생각했단다. 그리고 아버님이 돌아가시며 남긴 유언도 너희 새엄마를 잘 부탁한다는 것이었기 때문이란다. 큰형님은 건강이 안 좋아 어머니 돌보기는 봉사자분의 차지가 되었다.

미국의 링컨 대통령이 "내가 성공했다면 이 모든 것은 천사 같은 어머니 덕분"이라고 새어머니 세라에게 공을 돌렸다는 글을 읽고 나는 깜짝 놀란 적이 있다. 한국의 전래동화에서 새어머니는 항상 나쁘게 나오는데 이렇게 훌륭한 새어머니도 있다는 놀라움이었다. 그런데 우리 봉사자 선생님은 새어머니가 훌륭한 분이 아니어도 그분이 어머니이기 때문에 효도해야 한다는 인식을 갖고 있었다. 집의 울타리가 망가졌다는 어머니 전화를 받았을 때도 다른 봉사자들께 동행을 요청해서 쏜살같이 달려가서 고쳐 주었다. 그렇게 말만 하면 척척 해결되니 어머니는 아들에게 많이 의지를 한다.

우리가 동치미 가지러 간 날 마당에서 고기를 구워 먹고 있을 때 바로 옆집에 살고 있는 친척 조카뻘인 여자 분이 왔다. 그녀는 바로 이웃이니 수시로 와서 여러 가지를 챙겨 준다고 한다. 그녀는 봉사자분을 자랑스러워했다. 삼촌은 영관급 장교였기에 이 동네의 자랑이었다고 말하며 그녀는 어깨를 으쓱했다. 그 어깨에 삼촌에 대한 자랑스러움이 넘쳐났다. 요양 보호사로 일하고 있는 그녀가 웃으며 이야기를 들려주었다.

어느 날. 그날도 봉사자분은 고향 집에 왔다. 마당 잡초를 손질하다가 거실에 들어왔는데 어머니가 쓰러져 있었다. 식탁 의자 밑에 옆으로 누워 있는 어머니는 아무리 흔들어 깨워도 눈을 뜨지 않았다. 놀란 아들은 옆집으로 달려가 조카뻘인 그녀를 불렀다. 그녀는 할머니를 이리저리 만져보고 상태를 본 후 할머니가 꾀병을 부리는 것을 알아챘다고 한다. 아들에게 부리는 어리광 같은 것. 그녀가 큰 소리로 말했단다.

"삼촌, 이제는 요양원에 모셔 가야겠어요. 얼른 옷 챙기고 차 불러요."

그 말에 누워 있던 분이 벌떡 일어났다. 그녀는 이어서 말했다.

"삼촌이 잘해 주니까 더 바라는 게 많은 것 같아요."

종례 끝나고 봉사실을 나서는데 남자 봉사자분이 나에게 봉지 하나를 살짝 준다. 시어머니와 살고 있는 나를 위한 배려이다. 어머니와 같이 먹으라고 주는 옥광밤 한 봉지. 나는 눈물 나게 고마웠다. 집에 와서 어머니와 같이 옥광밤을 먹었다. 어머니 드리라고 따로 챙겨 주었다고 봉사자분 자랑을 했다. 지나가다 옥광밤을 볼 때마다 봉사자분이 새어머니께 하는 효를 생각한다.

나무목

산길을 걷는다. 아직 2월. 나무에 푸른 새잎은 나지 않았다. 무수히 서 있는 나무들은 잎을 다 떨군 겨울나무뿐이다. 그래도 나는 이 산길이 좋고 겨울나무도 좋다. 화려하고 무성한 잎을 다 떨군 맨몸으로 서 있는 나무. 그 나무가 꽉 차서 있는 겨울 산은 뭐라고 말할 수 없는 감동을 준다. 언젠가 뜸사랑 여자 봉사자 한 분이 자신은 산에 가면 나무를 꼭 끌어안아 준단다. 그리고 그 나무에 귀를 대고 있으면 나무의 이야기가 들린다고 했다. 나도 그렇게 겨울나무를 끌어안아 본다. 그리고 귀를 대어 본다. 나에게는 아무 소리도 들리지 않았다. 아마 나는 그녀처럼 영혼이 맑지 않고 마음이 순수하지 않아서인 것 같다.

산들바람이 불었다. 그 바람에 실려 온 솔향기. 코를 적시고 가슴을 적시고 마음을 적신다. 보이지 않는 저 언덕 너머에 큰 솔밭이 있었다.

언덕을 넘어 눈앞에 다가온 소나무밭. 정작 가까이 솔밭에 들어설 때는 솔향이 나지 않았다. 이미 익숙해서 그런 것인가. 너무 강하면 오히려 맡지 못할 정도가 되는가. 가만히 벤치에 앉아 숨을 크게 쉬어 본다. 나무를 올려다본다. 하늘 향해 팔을 뻗친 나무의 기개가 아름답다. 나는 왜 이렇게 나무가 좋은가. 나에게 없는 부족한 부분이라서 그런가.

가끔 주변에 명리학 공부를 시작했다는 사람들을 만날 때가 있다. 그분들은 곧잘 내 생년월일과 태어난 시간을 물었다. 그들은 한결같이 나에게 오행五行에서 목이 없다고 했다. 나무가 없다는 것이다. 나에게 나무는 재물을 뜻하는데 그것이 없어서 부자가 아니란다. 아! 나에게 나무가 없구나. 그래서 예전에 한문 서예를 가르쳐 주시던 선생님은 내 호를 '예림霓林'이라고 지어 주셨나 보다. 무지개 숲이란 뜻이다. 수풀 林은 나무가 두 개나 있는 것이다. 나에게 없는 나무를 주려고 애쓰신 스승님 생각이 났다.

사람들은 나무가 없는 나는 검은 색 옷을 입으면 좋을 것이라고 조언도 했다. 검은색은 오행에서 水이다. 수생목水生木 즉 나무를 자라게 한단다. 우리 선조들은 이렇게 자연에서 다섯 가지 운행을 생각했다. 목생화木生火 나무에서 불이 생기고 화생토火生土 불이 나면 재가 되어 흙이 생기고 토생금土生金 흙에서 금속이 나오고 금생수金生水 구리 쟁반에서 이슬 즉 물이 생기고 수생목水生木 물에서 나무가 자란다는 것이다. 그런 말을 듣기 전에도 나에게 있는 옷들은 압도적으로 검은색이 많다. 나이 들면 옷이 검은색만 있다고 하던 누군가의 말이 생각난다. 장례식 갈 일이 많아져서 그렇단다. 나는 깔끔하지 못해 음식도 잘 흘리는데 짙은 색 옷은 묻어도 티가 안 나서 나는 좋아할 뿐이다. 나처럼 나무 木이 없는 사람에게는 간과 담의 병도 있다고 한다. 木에 해당하는 우리 몸의 장부는 간과 담이다. 너무 과하게 있거나 너무 없으면 그 해당 장부에 병이 온단다. 그래서 그런지 나는 담석이 많아서 병원에서 수술을 권한 적도 있는데 약을 먹고 뜸을 뜨면서 지내고 있다. 괜스레 오행 이론에 마음이 간다.

나는 사주팔자를 잘 믿지 않는다. 고향 동네에 자랑스러운 쌍둥이 형제가 있었다. 한 사람은 육군사관학교에 가서 장교가 되었고 한 사람은 포항공대를 가서 포항제철에 들어갔다. 그런데 군 장교가 되었던 분은 소위로 임관한 지 얼마 안 되어 훈련 중 사고가 나서 서울현충원에 묻혔고 포항제철에 갔던 분은 오랜 기간 근무해서 임원이 되었다. 생김새도 비슷한 일란성쌍둥이라 부모나 형제자매들도 잘 구분을 못할 정도였다. 한 날, 한 시에 태어나고도 그렇게 삶이 다른 것을 보았기에 나는 그런 것을 믿지 않았다.

그런데 나이가 들어서일까. 나에게 목이 없어서 목을 보충해야 한다는 그분들 말에 괜스레 마음 쓰였다. 우연히 막내 여동생이 이야기했다. 그렇다면 언니는 나무로 된 것을 몸에 지니고 있으면 좋겠네요. 나무로 된 것이라니 무엇이 있을까. 그러다가 묵주가 생각났다. 나는 나무로 된 묵주 팔찌를 하나 사기로 마음먹었다. 그러면 기도라도 잘하게 되겠지 싶었다. 친구들과 명동성당에 가게 되었다. 성물방에 가서 묵주 팔찌를 사려고 했더니 친구 하나가 자기네 집에 나무로 된 묵주 팔찌가 많다고 극구 말린다. 그녀는 레지오 반장도 하고 신심이 두텁다. 그래서 여러 사람들에게 나누어 주려고 사 놓은 것들도 많고 선물 받은 것도 많단다. 뜯지 않은 것이 많으니 다음에 만날 때 꼭 가져다주겠다고 했다. 그런데 금방 만날 줄 알았던 그 모임이 자꾸 연기가 되었다. 나는 그때 못 사고 온 것이 크게 후회가 되었다.

어느 날 뜸사랑 봉사실에서 할머니 한 분의 등에 뜸을 떠 주게 되었다. 할머니는 진주로 만든 예쁜 묵주 팔찌를 하고 있었다. 나는 할머니에게 팔찌가 참 이쁘다고 말했다. 그리고 나는 나무로 된 묵주를 친구가 주기로 했다고 자랑을 했다. 할머니는 나에게 성당에 다니는 사람이냐고 물었다. 나는 엉터리 신자이고 시어머님이 열심히 다닌다고 말했다. 할머니는 기쁘게 웃으셨다. 자신의 본명은 안젤라하고 하시고 내 본명도 물으셨다. 그리고 나는 잊고 지냈다.

여러 가지 일로 봉사실을 몇 주 결석했다. 오랜만에 봉사실에 갔더니 접수를 보시던 봉사자 선생님이 작은 봉투 하나를 내민다. 어떤 할머니께서 내게 주라고 지난주에 주고 가셨단다. 우리 봉사자들은 어떤 금품 수수도 하지 않는다는 봉사자 수칙을 매일 아침 선서도 하고 또 그 서약이 침상마다 붙어 있다.

"이런 것 받으면 안 되잖아요."

나는 얼굴이 빨개졌다. 봉투를 열었다. 나무로 만든 작은 묵주 팔찌가 나왔다. 전혀 생각지도 않았던 거라 어찌나 놀랐는지 모른다. 나는 돌려드려야 되는데 마음이 심란했다. 한동안 그 할머니가 오시지 않았다. 나는 그것을 돌려드리려고 지치도록 그 할머니를 기다렸다. 한 달 만에 오신 할머니는 할아버지가 돌아가셔서 장례를 치르고 오느라 한동안 못 왔다고 했다. 나무 팔찌가 있어 주고 싶었단다. 우리는 이런 것 받으면 안 된다고 하면서 돌려주어도 꿈쩍도 안 하신다. 할머니께 드릴 핸드크림을 하나 준비해서 갔는데 그것도 무거워 싫다고 하면서 뿌리치고 갔다. 나는 할 수 없이 묵주 팔찌를 끼고 그 할머니를 위한 기도를 하기로 했다. 나는 그 할머니 덕분에 나에게 부족한 나무를 가지게 되었다. 안젤라는 원래 천사라는 뜻의 엔젤에서 왔단다. 나는 요즘 나무 하나를 늘 품고 산다. 천사가 가져다 준 나무.

 잠을 잘 때도 나무 묵주를 하고 잔다. 이렇게 나무와 친하게 지내고 있으면 먼 훗날 언젠가 산길에서 나무를 가슴에 안고 귀를 기울이면 나무의 이야기를 들을 수 있지 않을까.

대수대명 代壽代命

추석 명절 때 거실에서 시어머니가 휘청하더니 탁자에 부딪쳤다. "아이쿠!" 하며 큰소리는 냈지만 그냥 잘 앉아서 식사했다. 그런데 그 이후에 어머니가 한쪽 다리가 아파서 도저히 움직일 수가 없다고 했다. 연휴라 병원에 갈 수도 없어서 그냥 하루를 지냈고 어머니는 엉덩이로 화장실을 갈 수밖에 없는 상황이 되었다. 그런데 화장실 가던 중간에 소변을 참을 수 없었나 보다. 나를 부르는 소리에 거실에 가 보니 화장실 조금 앞에서 소변이 한강을 이루었다.

"아이고. 이렇게 살아서 뭐하나"

어머니는 붉어진 얼굴로 낭패의 한숨을 쉬면서 말했다. 나는 위로를 했다.

"괜찮아요. 어머니. 몸이 아프니 그런 거지요. 회복되시면 괜찮으니 걱정 마세요."

 친정어머니를 간병해 본 경험이 있어서인지 나는 크게 당황하지 않았다. 내성이 생겼다고나 할까. 나는 시어머니를 끌고, 당기고 해서 겨우 화장실로 옮겨 몸을 씻기고 등의 때도 밀어 주고 새 옷으로 갈아입혔다. 어머니는 키도 크고 체격도 커서 키도 작고 덩치도 작은 내가 감당하려니 허리가 끊어질 듯이 아팠다. 나중에 어머니는 정형외과 진찰을 받았는데 뼈에 금이 가거나 부러지지는 않았고 타박상이라고 했다. 진통제 처방만을 받아왔다. 그런데 여전히 한쪽 다리를 못 쓰니 엉덩이로 움직이는 생활이 한 달 넘게 이어졌다. 집에 있는 강아지 옴팍이도 나이가 들어 치매인지 여기저기에 오줌을 싸서 하루에도 몇 번씩 거실에 있는 열 군데 넘는 강아지 오줌을 닦아야 했는데 어머니까지 그런 형편이니 힘이 들었다.

 어머니는 몸이 약해지니 정신도 놓는 것 같다. 기력이 어딘가로 다 소진되었나 보다. 다리 한쪽만 못 쓰는데도 자리에서 일어나지를 못했고 누워 있는 당신을 일으켜 달라고 했다. 옷 빨래, 이불 빨래로 계속 세탁기를 돌렸다. 내 몸이 휘청거렸다. 입술도 부르트고 허리를 펴기가 힘들었다. 나는 남편에게 요양병원을 알아봐야 할 시점이라고 말했다. 친정어머니는 이 상태보다 좋은 상태여도 본인이 걸어서 요양병원에 갔다고 말해도 묵묵부답이다.

 한 달 넘게 그런 생활이 이어졌다. 식사 시간이면 강아지 옴팍이는 잽싸게 어머니 옆에 가서 자리를 잡았다. 어머니는 소고기국을 먹다가 반을 남기고 당신의 밥도 반을 남겼다. 그리고 그 국물에 밥을 말아서 옴팍이에게 주었다. 그 국그릇은 오늘은 어머니에게 갔지만 내일은 나에게 올지도 모른다. 나는 사람의 음식이 강아지에게 좋지 않으니 그러면 안 된다고 말했는데 어머니는 들은 체도 안 한다. 어머니는 본인도 식사를 잘 못하면서 옴팍이가 밥을 잘 안 먹는다고 걱정했다.

나는 강아지 산책 담당이다. 옴팍이는 한쪽 눈에 백내장이 와서 눈도 잘 안 보이는 상태인데도 산책을 정말 좋아했다. 계단을 껑충껑충 뛰어 올라가고 내려가는 옴팍이를 보면서 아직 참 팔팔하다고 생각했다. 인간 100세에 해당하는 것이 강아지 20년이라는 말을 들었다. 강아지가 우리 집에 온 지 15년이 되었고 2년 된 상태에서 왔다고 하니 옴팍이는 사람 나이로 치면 85세쯤 된다고 한다. 그런데 그렇게 잘 지내던 옴팍이가 갑자기 밥을 잘 먹지 않고 누워만 있고 자기 집에서 나오지를 않았다. 어머니가 고깃국에 밥을 주어도 소용이 없다.

어느 날 아침, 어머니가 보니 옴팍이가 욕실 바닥에 누워 있었다. 어머니는 안아서 개집에 넣어 주었다. 아무래도 죽을 거 같다고 어머니가 걱정했다. 내가 현관을 나서는데 저만치 개집 앞에 앉아 있던 어머니가 말했다. 개 주인인 작은 아들에게 전화해야겠다고. 전철 안에서 굳어 있는 옴팍이를 데려갔다는 연락을 받았다.

나는 청량리역에 내려 뜸사랑에 가는 길에 청량리 성당에 잠시 들려 촛불을 켰다. 우리 가족에게 기쁨을 주었던 하늘에 간 옴팍이를 위해 기도했다. 가족 카톡방에도 옴팍이가 하늘나라로 갔다고 알렸다. 손자들도 옴팡이와 산길 산책을 항상 즐거워했다. 의정부에 오면 당연히 해야만 하는 일정이었다. 가족 모두 슬픈 애도를 했다.

그날 저녁 내가 집에 왔을 때 시어머니가 달라졌다. 혼자서 일어나 앉고 지팡이를 잡고 걸었다. 몇 년 전에 시어머니와 함께 드라마를 보았던 기억이 생각났다. 주인공이 암에 걸려 앓고 있었다. 병원에서도 가망이 없다고 했다. 젊은 사람은 암이 더 잘 퍼져서 죽을 날만 기다리고 있었다. 그런데 주인공이 키우던 멀쩡한 강아지가 갑자기 죽었다. 그리고 주인공의 병이 기적처럼 나았다. 화면에서 사람들이 말했다. 대수대명代壽代命이라고. 수명을 대신하고 명을 대신해서 강아지가 간 것이라고. 나는 처음 듣는 말이라 옆에 있는 시어머니께 여쭤보았다. "저런 말이 정말 있어요?" 어머니는 정말 옛날부터 있는 말이라고 했다. 그때 나에게 설명해 주는 어머니의 얼굴에서 어떤 확신 같은 것을 나는 보았다.

어머니는 대수대명을 생각하신 것 같다. 바로 다음 날. 어머니는 한 달이 넘게 못 가셨던 성당 미사에 참석했다. 그렇게 어머니는 회복했다. 미장원도 혼자 가서 머리 손질도 하고 털실가게에 가서 실도 사 오고 손자를 준다며 다시 뜨개를 시작하였다. 우리나라 무속신앙에서는 병病굿이라고 하여 아픈 사람이 있는 집에서는 일부러 닭이나 돼지를 죽이기도 했는데 현대인의 입장에서 보면 일종의 심리치료라고 한다.

강아지를 키우는 어떤 사람의 글이 마음에 닿는다. "왜 대수대명에 동물의 죽음으로 사람의 수명을 연장하는 것만 생각할까." 글쓴이는 사람들의 이기심을 나무랐다. 자신은 인간이 강아지보다 더 오래 사니 자신의 명을 대수대명해서 강아지에게 주고 싶다고 말했다. 그래서 강아지와 함께 살다가 가고 싶다고 했다.

  옴팡이와 걸었던 산길을 나 혼자 걸으며 옴팡이를 위해 기도했다. 대수대명. 그것이 정말인지는 모르겠지만 대신해서 하늘나라로 가 준 너의 그 사랑이 가상하고 고맙다고 하늘을 보며 전했다.

살아라, 몇 개의 이름이든
- 봉정사에서

　11월이 코앞인데 단풍은 곱지 않았다. 올해 단풍은 더운 날씨가 가을까지 계속 이어지다가 갑자기 날이 추워진 탓에 곱지 않단다. 이곳 봉정사도 마찬가지였다. 물들지 않은 나뭇잎 때문에 가을 정취가 없었다. 길옆에서 들리는 작은 물소리. 바람 소리와 함께 들려오는 작은 물소리. 내가 느끼는 가을 소리였다. 옛 시인은 〈가을 소리에 대하여(추성부秋聲賦)〉라는 글에서 "나무 사이에 소리가 있다[聲在樹間]"고 했다. 나는 시인의 말을 기억하며 나무를 스쳐 오는 소리, 바람소리에도 귀를 기울여 보았다.

　하늘의 등불이 있는 산, 봉황이 머문 절[天燈山鳳停寺]. 크지 않은 절 봉정사는 고요하고 아담했다. 편안하고 다정한 모습에 다시 오고 싶은 마음이 들게 했다. 다시 읽고 싶은 한 편의 아름다운 시처럼. 이 절을 방문했던 엘리자베스 영국 여왕이 쓴 글씨가 눈을 끈다. "조용한 산사 봉정사에서 한국의 봄을 맞다(As I visit the Pongjong temple in the peaceful mountains, I feel the beauty of a Korean spring day.)"

엘리자베스라는 이름이 친근하다. 내 가톨릭 세례명이 엘리사벳 즉 엘리자베스이기 때문이다. 가톨릭에서는 성인들의 이름을 따서 세례명을 짓는다. 그 성인처럼 살아가기를 바라는 마음이기 때문이다. 마더 테레사 수녀님도 성녀 소화 테레사를 닮고 싶어서 테레사라고 이름 지었다고 했다. 엘리자베스라는 이름은 서양에서 흔한 이름인가 보다. 가톨릭 성인 중에 엘리자베스라는 이름이 많다. 예수님을 잉태하고 마리아가 심란한 마음으로 찾아간 친척이 엘리자베스였다. 엘리자베스는 잉태한 마리아와 복腹 중에 있는 예수님을 축복하고 격려했다. 웬만한 사람이면 힐난하고 흉보았으리라. 나는 엘리자베스라는 이름이 좋다.

나에게는 조금 낯선 봉정사 이야기를 며칠 전에 들었다. 《한국의 산사, 산지승원》 출간기념회에서였다. 세계문화유산으로 등재된 봉정사, 법주사, 통도사, 부석사, 선암사, 대흥사, 마곡사. 이렇게 7개 사찰에 대해서 쓴 책이다. 교장인 여동생은 궁궐문화원에서 해설사로 봉사하고 있는데 궁궐문화원 주최로 이 7개 사찰을 답사한 분들이 책을 낸 것이다. 동생은 부석사를 담당했기에 몇 번의 답사를 다녔고 나를 데리고 가기도 했다. 일곱 명의 작가들이 각자 자신이 답사한 절에 대해서 마이크를 잡고 이야기를 했다. 봉정사를 쓴 작가가 말했다. 엘리자베스 여왕이 한국을 방문했을 때 한국에서 추천한 곳이 130여 곳이나 된단다. 그런데 왜 여왕이 봉정사를 가게 되었는지 작가 자신은 잘 모르겠다고 했다.

그런데 오늘 봉정사를 오기 전에 잠깐 들린 병산서원에서 그 사연을 들었다. 병산서원 해설사가 말했다. 봉정사는 여왕이 꼭 가 보고 싶다고 스스로 선택한 곳이란다. 여왕이 예전에 일본의 유명한 소설을 읽었는데 아름답게 묘사된 그곳, 그 봉정사에 꼭 가 보고 싶다고 콕 집어 선택했단다. 세상에! 글의 힘이란 이렇게 대단한 것이구나, 새삼 느꼈다. 어떤 작가일까. 나는 그 작가가 정말 궁금했다.

봉정사에 대해 글을 쓴 사람은 '다치하라 마사아키[立原正秋]'라는 일본인이었다. 그는 일본에서 최고 권위를 지닌 순수문학상 아쿠타가와상의 후보로 최종심까지 두 번이나 오르고 대중문학상인 나오키상을 받으며 일본 현대문학의 거두로 우뚝 섰다. 그야말로 독보적인 지위에 오른 사람이다. 언어의 연금술사로 불린 그의 글은 미학적 묘사가 뛰어나고 독특한 질감을 갖고 있어 백만이 넘는 독자층의 폭넓은 사랑을 받았고 요미우리신문에 소설도 연재했다. 사라져가는 중세 일본어를 아름답게 재현해서 쓰는 그에게 가장 일본인다운 작가라는 평가가 따랐고 그의 글은 일본 교과서에도 실렸다.

그의 사후에 그의 문학 세계에 깊이 빠져 있던 기자 출신 문인이 6년이라는 세월을 바쳐 다치하라의 평전을 출판했다. 그에 대한 평전을 쓰기 위해 그를 샅샅이 찾아보니 그는 한국인이었다. 평전은 식민지 열등의식을 지닌 인간의 슬픈 내면을 이해하는 우호적인 글이었는데 그 글로 그가 조선인으로 알려진 후에 일본사람들의 사랑과 관심이 순식간에 사라져 버렸다.

그는 안동에서 어린 시절을 보낸 김윤규였다. 그는 11살 때까지 안동에 살았고 봉정사가 있는 절 근처 마을에서 자랐다고 한다. 자전적 소설에서 나오는 무량사가 봉정사이다. 소설에서 그는 승려인 아버지에 의해 6살 때부터 절의 선방에 취학하여 공부했다. 추운 겨울, 아버지가 죽고 그의 어머니는 재혼해서 어린 그를 떠나갔다. 홀로 남은 그는 절의 스님에게 많은 것을 배운다. 구미의 외숙부에게로 갔다가 다시 어머니를 따라 일본에 가게 된다. 어린아이에게 너무 가혹한 세월이었다. 어린 그에게 세상은 무상감으로 가득해서 그의 소설 속에는 무상감이 가득하단다. 아버지가 죽은 후 세상을 싸늘하게 바라보는 시선이 생겼다. 그는 어머니를 자기 좋을 대로 살아간 여인이었다고 했다. 훗날 어머니를 다시 만났을 때 어머니는 기뻐하며 울었으나 자신은 아무 감동이 없었다고 했다. 어머니에 대한 상실감이 모국에 대한 모든 것을 부정하는 출발점이 아니었을까. 왠지 나는 그런 생각이 들었다.

자전적 소설에서 아버지가 목숨을 끊은 뒤로도 화자는 절에 다니며 공부한다. 학교를 다녀와서도 무량사로 간다. 친구들과 있거나 집에 있는 것보다 무량사에 있는 것이 편하기 때문이었다. 무량사는 화자의 정신세계에 큰 영향을 미친 곳이다. 소설 마지막 부분에서 아버지가 주인공에게 "너는 살아라."라는 말을 하는 장면이 나온다. 그래서 그는 악착같이 일본에서 살아남고자 했을까. 인생에 우여곡절이 많아야 소설을 쓸 수 있다는 말을 들었는데 그의 인생이 힘들어서 좋은 소설가가 되었나 보다. 그의 고난한 이야기를 들으니 나도 모르게 깊은 한숨이 나왔다. 저절로 나오는 깊은 한숨은 본인이 살아내고자 몸에서 스스로 나오는 숨이라는 말을 들은 기억이 났다.

그에게 이름이란 어떤 것이었을까. 어떻게 해서든 살아가고 싶은 그의 마음이 아니었을까. 작품 속에서 주인공인 나는 이름이 없고 무량사란 절 이름 자체로 불리기도 하고 범해선문이라는 법명으로 불리기도 한다. 그가 가진 이름이 여섯 개라는 사실에 왠지 가슴이 시리다. 원래 이름 김윤규. 일본에서 아주 잠시 썼던 노무라신타로, 김윤규를 일본식으로 바꾼 긴잉케이, 창씨 개명한 가나이 세이슈, 일본인 아내의 호적에 입적해서 쓴 요네모토 세이슈, 필명으로 쓰다가 죽기 두 달 전 그의 원대로 호적에 올린 다치하라 마사아키[立原正秋]. 이 이름을 두고 누군가 말했다. 그는 벌판에 우뚝 서고 싶었나 보다고. 그의 이름에 들어 있는 가을이라는 글자가 들어왔다. 지금이 가을이니까. 나는 그의 이름에 들어 있는 정正이라는 글자도 눈에 들어왔다. 내 이름에 들어 있는 글자이니까. 그러고 보면 나 또한 필명, 세례명, 서예실에서 쓰는 호 등 여러 이름이 있다. 이 또한 어떻게든 살아내고픈 내 마음이 아니었을까.

봉정사에서는 엘리자베스 여왕을 위해 49제도 올렸고 해마다 추모도 하고 있는데 인연이 닿아 이곳에 왔던 분이기 때문이란다. 그러고 보니 엘리자베스 여왕이 걸었던 봉정사 경내를 내가 걸었고 다치하라 마아사키가 걸었던 봉정사 곳곳을 오늘은 내가 걷는다. 나도 이들과 인연이 닿아 있겠지. 이름이 같아서, 또한 나도 글을 쓰니까.

  영산암의 우화루雨花樓에 오르니 마주 보는 작은 산. 빨간 단풍이 어여쁘다. 올해 이렇게 아름다운 붉은 빛은 처음 보았다. 우화루 아래에 섰다. 부처가 영취산에서 설법할 때 내렸다는 꽃비. 바람이 살랑 불어 단풍이 떨어졌다. 단풍은 가을 꽃이 아니겠는가. 가을 꽃잎이 떨어지고 있었다. 살아 있음으로 느끼는 이 가을 꽃비. 꽃비가 내리고 있었다.

제4부

선비

사무실 벽의 액자에 화려한 부채가 펼쳐져 있었다. 부채 끝에 매달려 있는 아름다운 선추扇錘로 눈길이 갔다. 색이 고운 침통이었다.

"선비들은 이렇게 부채 끝에 침통을 달고 다녔대요."

필리핀에서 클리닉을 운영하고 있는 뜸사랑 출신 원장님의 말에 나는 넋을 놓고 침통을 바라보았다. 나는 뜸사랑 첫 해외봉사를 필리핀으로 왔다. 이역만리 필리핀에서 본 우리 선비들의 애장품 침통은 감동을 주었다. 침통에 새겨진 무늬도 아름다웠고 부채 끝에 단 매듭도 눈이 부시게 아름다웠다. 선비들은 멋진 부채를 가지고 다녔고 부채 끝에는 향을 넣는 주머니나 침을 넣는 침통 등을 달았다. 우리의 선비들은 이렇게 아름다운 사람들이었구나 생각했다.

어머니가 암 수술을 받고 홀로 고향을 지키고 있을 때 나는 매주 금요일이면 고향집에 가서 어머니께 침뜸을 해 드렸다. 그러던 어느 날 고향에 도착해서 집에 갔는데 어머니가 안 계셔서 찾았더니 어머니는 밭에 있었다. 아픈 몸을 이끌고 왜 밭일을 하느냐고 어머니께 한 소리 했더니 고되게 일을 해야 아픔도 사라지는 것 같다고 했다. 일을 해야 고통을 덜 끼낀다는 어머니 말이 나는 몹시 서러웠다. 아프면 그냥 신문을 보면서 나는 쉰다고 했더니 어머니가 말했다.

"너는 선비잖니."

그 순간, 선비라는 말이 내 가슴속으로 빛이 되어 들어왔다.

내가 초등학교 다닐 때 시험을 100점 맞은 적이 있었다. 백 미터 달리기 하듯이 부리나케 달려와 어머니께 시험지를 보여주었다. 칭찬을 들을 줄 알았는데 어머니는 나에게 화를 냈다. 방금 전, 나의 바로 아래 남동생이 100점이 아닌 시험지를 가지고 왔단다. 네가 남동생을 가르쳐서 100점을 맞게 해야지 너만 잘하면 무엇 하냐는 어머니의 나무람이 오랫동안 상처로 남았다. 그런 어머니가 수많은 세월이 흘러 나에게 선비라고 하다니…. 나는 그 말에 감동했다.

나는 그때부터 내 가슴에 들어온 선비라는 말에 대해 늘 생각하게 되었다. 선비라는 말은 한자려니 생각했다. 선생처럼 먼저 선先을 쓰겠구나 생각했다. 그런데 찾아보았더니 '선비'라는 말은 순우리말 한글이었다. 깜짝 놀랐다. 《용비어천가》에 처음으로 나타난 우리말 선비. 세종대왕은 학문적으로 뛰어나고 도덕적으로 어진 인물을 지칭하는 선비라는 단어를 용비어천가를 통해서 자신이 원하는 의미로 재정의하여 반포한 것이었다.

　어머니가 왜 나를 선비라고 했을까. 나는 늘 생각하곤 했다. 요양병원에 계신 어머니는 요즘 말도 못하고 가끔은 나도 못 알아본다. 그런 어머니를 보면서 진작 물어볼 것을 그랬다고 후회하곤 한다. 내가 학교 교사로 근무하고 있을 때도 선비라고 말해 준 적이 없었고 현재 교장으로 있는 여동생한테도 어머니는 선비라는 호칭을 붙여 준 적이 없다.
　내가 선비라는 말에 빠져 살다 보니 엉뚱한 일도 생긴다. 문화해설사이기도 한 여동생이 부석사에 대한 책을 써야 한다며 부석사에 나를 데려간 적이 있다. 그곳 조사당에 선비화가 있다는 한글 안내문에 나는 깜짝 놀랐다. 선비 꽃? 어떤 꽃일까? 나는 몹시 궁금했다. 유명한 무량수전보다 나는 조사당으로 부리나케 먼저 달려갔다. 조사당 처마 밑에 있는 콩과 낙엽관목인 골담초骨擔草가 있는데 이것을 선비화禪扉花라 부른다고 했다. 부석사를 창건한 의상대사가 짚고 다니던 지팡이를 이곳 조사당 처마 밑에 꽂았더니 가지가 돋고 잎이 피었다고 한다. 1,300년이 넘는 세월 동안 조사당 처마 밑에서 비와 이슬을 맞지 않고서도 항상 푸르게 자라는 신비한 나무인데 퇴계 이황이 이 선비화를 보고 시를 지어 더욱 유명해졌다고 한다. 자세히 설명된 안내문을 읽어 보고는 선비라는 말에 꽂혀 경황없이 서두른 내 행동에 웃음이 나왔다. 다음부터는 이렇게 현혹되지 말고 침착해야지 생각했다.
　그런데 오늘 필리핀에 뜸사랑 해외봉사를 와서 벽에 걸려 있는 선비들의 부채, 그 끝에 멋스럽게 달려 있는 선추인 침통을 보면서 나는 감동했다. 선비들이 선추에 저렇게 침통을 달고 다닌 것은 이웃이 아프면 침을 놓아 주기 위해서였다. 조선의 선비들은 침뜸을 할 줄 알았다. 동양철학을 하면 자연히 동양의학을 알게 되니까. 정약용 같은 선비도 침을 놓을 줄 알았다고 기록에 적혀 있다. 십 년 가까이 매주 내려와서 자신에게 침뜸을 해 주는 딸을 어머니는 선비라고 생각한 것이 아닐까. 아마도 어머니는 오래전에 선비라고 불리는 사람에게 침뜸을 받아 본 적이 있는 것 같다.

유의儒醫, 즉 선비의사에 대한 글을 신문에서 읽었는데 《향약집성방》 등 조선시대 국가가 주관한 의서 편찬에는 의술에 밝은 유학자들이 참여하는 것이 일반적이었다. 유학의 궁극적인 목적이 백성을 잘 살게 하는 것인데 유학을 공부하면서 인을 실현하고자 선비들이 의술을 행했던 것이라고 한다. 선비의사들은 질병 자체를 한 개인의 문제, 한 가정의 문제가 아니라 국가의 문제이고 해결해야 할 큰 과제로 생각했다. 더구나 열악했던 지방에서는 유의의 활약이 대단히 중요했다. 우리의 선비들은 세상을 고치는 것과 아픈 사람들의 병을 고치는 것이 다른 길이라고 생각하지 않았다. 그래서 이들은 의학서도 편찬하고 의술 혜택을 받기 어려운 지역에서 백성을 치료하는 데도 앞장섰다. 한 사람의 아픔은 나의 아픔이고 세상의 아픔으로 생각했다. 환자의 마음을 살피고 치료하고 위로하면서 함께 극복하고자 한 선비들.

어머니가 내게 붙여준 선비라는 말, 오늘도 가슴에 곱게 담는다.

자주색 모시 치마

어머니가 요양병원으로 옮겨 가시고 한 해가 훌쩍 지났다. 어머니는 식도암 후유증으로 음식을 삼킬 수 없게 되어 코줄로 음식을 넘겨야 하고 면회를 가 보면 휠체어를 타고 있다. 살며시 손과 다리를 만져 보면 근육이 하나도 없다. 고향으로 다시 오지는 못할 것 같다. 고향 집을 관리하기 힘들어서 팔아야겠다고 큰 남동생이 말했다. 여름에는 그냥 놔두어도 되지만 추운 겨울엔 보일러를 틀어야 하고 기름을 넣으러 수시로 와야 하고 그래도 간혹 동파가 일어날 수 있기 때문이다. 어머니가 고향 집에 계실 때 나는 매주 고향에 가서 금요일부터 일요일까지 3일 동안 뜸도 떠 드리며 어머니와 함께 생활했다. 그렇게 8년을 보냈다. 그런 나를 보고 큰 남동생이 나중에 어머니 고향 집을 나에게 주겠다고 했다. 나는 감격했다. 매주 고향 친정어머니께 가는 것이 시어머니와 남편에게 당당해졌다. 큰 남동생이 집을 나에게 준다 했다고 큰소리치고 다녔다. 그런데 어머니가 요양병원에 간 후 큰 남동생은 마음이 바뀌었다. 다른 동생들이 반대를 할 텐데 자신이 그 반대를 감당할 자신이 없다며 그 집을 판 돈으로 어머니 요양병원비를 내자고 한다. 처음엔 조금 서운했지만 그것이 현명한 방법인 것 같았다. 나는 부자 동네에서 여유 있게 살아본 적도 있었고 그 후엔 경제적으로 어려운 시절도 겪어 보았기에 나는 크게 깨달은 것이 있다. 재물 또한 하나님이 주셔야만 내 것이 된다는 깊은 깨우침이다.

어머니 집은 금방 팔렸다. 집안에 쌓여 있는 짐을 정리해야 했다. 각자 시간이 되는대로 가서 자신에게 필요한 물건들은 가지고 가라는 연락이 왔다. 여동생들과 하루 날을 잡아서 고향 집에 갔다. 이곳저곳 짐을 정리하던 여동생들이 나를 부른다. 옷장 서랍 깊숙이 눈부시게 고운 모시치마가 고이 모셔져 있었다. 하나는 자주색 그리고 하나는 흰색이었다. 동생들은 이것은 큰언니가 입으라고 한다. 괜히 눈물이 났다. 너무 좋고 고운 옷이라 입지도 못하고 고이고이 모셔 놓기만 했던 어머니 모시옷 결국은 내 차지가 되었다.

어머니는 허름한 옷만 입었다. 내가 고향에 오면 어머니를 모시고 매주일 온천에 갔는데 아무리 좋은 옷을 꺼내 드려도 싫다고 했다. 불똥이 튀어서 구멍이 숭숭 난 바지를 그냥 입고 나서면 나는 난감했다. 어머니 고집을 꺾을 수 없었다. 온천이 있는 읍내 시외버스터미널에서 버스를 기다리고 있는데 아주머니 한 분이 어떤 사이냐고 물었다. 어머니라고 했더니 옷 좀 사서 드리라고 충고했다. 나는 얼굴이 빨개졌다.

고향 이웃 마을에 살던 큰아버지, 큰어머니가 갑자기 교통사고로 한날한시에 돌아가셨다. 연락을 받고도 인정할 수 없을 정도의 충격이었다. 버스를 타고 춘천 병원 장례식장으로 바로 달려갔다. 큰 남동생과 올케도 와 있었다. 고향 동네 사람들도 눈에 들어오고 우리 어머니도 보였다. 어머니는 황망한 가운데 오셨는지 집에서 입은 옷 그대로였다. 연한 색 스웨터에 머리에 쓴 수건, 검은색 위주의 장례식 복장은 아니었다. 어머니는 두 분의 영정에 엎드려 통곡했다. 어머니의 울음소리는 컸다. 이웃 마을에 살면서 울타리가 되어 주셨던 분들이라 어머니의 큰 슬픔이 내게도 전해져서 나도 같이 따라서 울었다. 슬픔에 묻혀 어머니의 복장은 내 눈에 내 마음에 들어오지 않았다. 그런데 올케가 내게 다가와 어머니의 복장에 대해 말하기 시작했다. 저렇게 입고 오면 어떡하냐는 거였다. 사람들 눈도 있는데…. 나는 할 말을 잃었다. 그때 나는 알았다. 사람마다 위치와 상황 따라 생각이 다르다는 것을. 올케의 말은 모두 옳았다.

그런 경험을 통해서 나는 어떤 장소에 갈 때 그곳에 맞는 옷을 챙겨 입고 가야 한다는 생각이 자리 잡았다. 내가 입는 옷이 내 주변 사람들의 위신을 세워 준다는 사실을 알았기 때문이었다. 독립운동가 도산 안창호 선생은 미국에서 오렌지 농장에서 일한 적이 있었는데 조선에서 온 노동자들이 잘 씻지도 않고 옷도 허름하게 입어 미국인들이 더 멸시하고 차별한다고 생각했다. 도산은 오렌지 한 개를 따더라도 정성

껏 따고 늘 옷을 깨끗이 입고 다니는 것이 애국이라고 강조하곤 했다. 그 스스로도 농장에서 일할 때조차 깨끗이 차려입은 모습으로 일했다고 한다.

예전에는 나 또한 옷을 챙겨 입지를 않았다. 게으름이 한몫했기 때문이다. 옷 사는 것을 좋아해서 내가 직접 산 것도 많고 자식들과 동생들이 사 준 것도 많다. 지인들이 좋은 옷인데 작아져서 못 입는다고 보내 준 옷도 많지만 나는 귀찮아서 좋은 옷은 옷장에 두고 편한 옷만 입고 다녔다. 많은 사람들이 그렇게 살아간다고 한다. 좋은 고급 그릇들도 장식장 안에 모셔 놓은 채 죽을 때까지 한 번도 쓰지 않고 가는 사람들이 있단다. 죽은 이들의 물품을 정리해 주는 사람이 방송에서 말했다. "아끼다 똥 됩니다."

자주색 모시 치마를 입고 길을 나섰다. 만나는 사람들이 이쁘다고 했다. 우리 어머니가 아끼며 고이 모셔둔 것을 내가 입게 되었다고 말했다. 내 모습을 본 뜸사랑 여자 봉사자분이 자신에게 고운 저고리와 자주색 양산이 있다고 선물로 주었다. 깔 맞춤하란다. 색깔을 맞추어 입는다는 뜻이다. 다음 모임에 그 저고리와 자주색 모시 치마를 입고 자주색 양산을 들었더니 사람들이 내가 굉장히 멋쟁이인 줄 안다.

"아끼다 똥 됩니다." 그 말이 재미있어서인지 자꾸 입가에 맴돈다. 그러다 생각했다. 내가 미처 하지 못하고 마음속에 품고만 있던 좋은 말들도 내 몸속에서 머물러 있다가 그대로 똥이 되겠구나. 마음속에, 가슴속에 가득 차 있어도 왠지 낯설고 어색해서 차마 하지 못했던 말들,

사랑한다, 고맙다, 미안하다… 수많은 말들. 언젠가 나중에는 말하게 되겠지 하면서 아껴두었던 말들… 그런 말들이 내 가슴속에 그득했다.
"카톡"
단체 카톡방에 누군가 글을 올렸다. 나는 글을 읽고 답을 단다. 그리고 끝 문장을 넣는다. 사랑합니다. 그리고 하트 세 개를 넣는다. 분홍색 붉은색 그리고 자주색 하트를.

요리 못하는 마리아여서

저녁상에 두부 부침을 올려야겠다고 생각했다. 들기름을 두르고 두부를 잘라 노릇노릇 잘 구웠다. 그런데 시어머니께서 보시더니 이렇게 부치면 안 된다고 하신다. 두부를 한 번 더 잘라 한입에 넣기 좋게 해야 한단다. 아차! 싶었다. 나는 왜 이렇게 센스가 없을까. 요리에 있어서는 한마디로 정말 감이 없다. 이런 일을 매번 겪다 보니 나는 요리에 더 흥미를 잃는다. 어차피 열심히 해 봐야 고수이고 상수인 분들한테 타박받기 일쑤이기 때문이다. 시어머니는 요리에 일가견이 있다. 80세가 많이 넘은 지금도 요리 프로를 즐겨 보신다. 가끔 어머니는 요리 프로에 나오는 대로 요리를 해 보았다며 나에게 먹어 보라고 권한다. 그 요리는 어머니가 하던 방식보다 맛이 덜하다. 나는 어머니 원래의 요리가 더 낫다고 사실대로 말한다. 어머니는 함박웃음을 짓는다.

나는 요리에 관심이 없다. 요리 프로가 나오면 나는 채널을 다른 곳으로 돌린다. 남편이 하는 말이 있다. 가정 선생님이랑 결혼한다고 했더니 회사 사람들이 다 부러워했단다. 살림도 요리도 잘하려니 생각했는데 결혼해 보니 라면 하나도 자신보다 못 끓여서 실망이 이만저만이 아니었단다. 나는 그 말을 듣고 그냥 웃는다. 라면을 좋아하지 않는 나는 일 년에 한두 번 라면을 끓여 먹을까 말까이다. 당연히 라면 물 맞추기가 힘들고 면발의 익히는 정도도 경험이 많아야 하니 쉬운 일이 아니다.

나는 어린 시절에 밥 먹는 것이 정말 싫었다. 왜 사람은 밥을 먹고 살아야 하나 생각했을 정도다. 알약 같은 거 하나 먹고 며칠씩 살면 좋을 텐데 생각을 했다. 그렇게 안 먹어서 내 키가 작은 것이려니 생각하곤 한다. 우리가 자랄 때 고향 시골집에서는 누구나 엄마를 도와야 했다. 불을 지필 때가 있었다. 나무를 얼기설기 올려놓고 신문지에 불을 붙여 후후 불며 나무에 불이 붙도록 한다. 한참 실랑이 끝에 겨우 불이 붙는다. 나는 나무에 더 잘 붙이려고 이런 각도 저런 각도로 나무를 옮겨 본다. 그것을 본 어머니가 나를 꾸짖었다.

"남의 집 며느리하고 불붙어 있는 장작은 쑤석거리는 게 아니다."

내가 뒤적인 나무는 화력을 잃고 비실비실 간신히 불의 명맥을 유지하고 있었다. 어머니는 조심스럽게 나무를 다독여 화력을 다시 살아나게 했다. 어머니는 혀를 끌끌 차며 나에 대해 걱정했다. 불도 못 피우고 음식에 관심이 없으니 어찌 하냐는 것이다. 세월이 흘러 나무를 때는 일은 없어졌다. 연탄보일러, 기름보일러, 가스와 전기의 시대로 접어들었기 때문이다. 나는 지금도 주방에서 가스 불을 켤 때나 인덕션을 사용할 때 친정어머니의 걱정을 생각하곤 한다. 그리고 세월이 흘러 다행이라고 생각하며 혼자 웃는다.

나는 초등학교 고학년이 되자 신문 읽기를 좋아했다. 시골 동네라 읽을 것이 없었다. 우리 집에 배달되는 신문을 읽는 것은 나와 아버지의 공통된 취미였다. 내가 중학생이 되자 아버지는 신문 기사의 내용을 보고 나의 의견을 묻기도 했다. 당신의 의견을 말해 주시며 열변을 토했다. 주로 정치 이야기였다. 우리 부녀의 대화를 어머니는 싫어했다. 동생들은 다섯이나 되어 할 일은 많은데 큰딸이란 것이 일을 도와줄 생각은 안 하고 아버지와 이야기만 하고 있으니 어머니는 나에게 화를 내곤 했다. 그러면 아버지는 나는 그냥 두고 엄마 혼자 일을 하라고 윽박지르곤 했다. 나는 이러지도 못하고 저러지도 못하며 전전긍긍했다. 아버지는 나를 이뻐하셨고 어머니는 나에게 화를 많이 냈다.

고향 마을에 광덕교회라는 조그만 교회가 있었다. 친구들 따라 그곳에 갔다. 어느 날 목사님이 성경에 있는 마르다와 마리아 자매에 대한 이야기를 해 주셨다. 예수님이 한 집을 방문하게 되었는데 언니인 마르다는 예수님을 대접해 드려야 된다는 생각에 분주히 요리를 만들고 있었다. 언니는 너무너무 바빴다. 그러나 동생 마리아는 언니를 도와줄 생각을 전혀 안 하고 예수님 앞에 앉아서 말씀을 듣고 있었다. 마르다는 화가 나서 예수님께 말했다. 내 동생이 나 혼자 일하게 두는 것을 생각하지 아니하시느냐고. 그를 명하사 나를 도와주라 해 달라고. 예수님께서는 마르다에게 네가 많은 일로 염려하고 근심하나 몇 가지만 하든지 혹은 한 가지만이라도 족하다고 했다. 그리고 마리아는 이 좋은 편을 택하였으니 빼앗기지 아니하리라고 했다.

 나는 가슴이 뻥 뚫리는 느낌을 받았다. 그 성경 말씀이 마치 내게 하는 말 같은 생각이 든 것은 무슨 까닭인지 모르겠다. 그 이후에 나는 요리 못하는 것에 대한 마음의 짐에서 벗어났다.

 세상은 나날이 좋아져서 음식을 배달해서 먹는 시대가 되었다. 코로나도 한몫을 했다. 우리나라처럼 배달이 발달된 나라가 없다고 한다. 아들이 '배달의 민족'이라는 회사에 들어갔다. 아들이 내 핸드폰에 '배달의 민족' 앱을 깔아 주었다. 집 주소를 입력하고 자신의 카드로 결재되게 해 주었다. 일주일에 몇 번씩 이 앱을 사용해서 음식을 배달받고 어머니께 차려드린다. 순댓국, 부대찌개, 초밥, 밀면, 회덮밥, 굴짬뽕… 항상 식탁은 풍성하다. 그리고 나는 책을 읽는다. 요리를 잘하는 마르다가 아니고 요리를 못하는 마리아여서 좋다.

핑크

 3월이 왔다. 그러나 '춘래불사춘春來不似春'이라는 유명한 말처럼 세찬 바람 속에 아직 따뜻한 봄은 오지 않았다. 나는 따뜻한 봄날에 대한 갈망으로 분홍색 옷을 입었다. 핑크색 털모자를 쓰고 핑크색 양모 스웨터와 핑크색 조끼를 입고 핑크색 목도리를 둘렀다. 그렇게 입고 의정부 경전철을 탔다. 그런데 기막힌 우연으로 내 바로 맞은편에 핑크색 모자, 핑크 스웨터에 핑크색 바지를 입은 유치원 소녀가 앉아 있었다. 경전철은 좁아서 서로 가까이 마주 보고 앉는다. 우리는 서로 마주 보고 빙그레 웃었다. 무언가 통하는 느낌이었다. 나는 소녀의 핑크색 가방을 슬쩍 건드리며 말했다.
 "나는 분홍색 가방은 없는데, 부럽네."
 어린 소녀가 의기양양하게 어깨를 으쓱했다. 그녀는 예쁜 가방을 자랑스럽게 쓰다듬었다. 나도 질세라 핑크 자랑을 시작했다.

"이 모자는 할머니 딸이 시집가면서 버리고 간 거야. 그런데 이뻐서 내가 쓰고 다녀."

어린 소녀가 배시시 웃었다. 그리곤 자신의 핑크색 목도리를 꺼내 보여주었다. 은근히 자랑하는 것이다. 나는 이쁘다고 칭찬했다. 소녀도 핑크색을 어지간히 고집했나 보다. 옆에 있는 아이 엄마가 우리를 보며 웃고 있다.

내가 입은 분홍색 양모 스웨터는 문우 한 분이 몽골에서 딸을 주려고 사 온 것인데 딸은 안 입겠다 하고 본인한테는 작아서 내게 준 것이다. 분홍색 조끼와 목도리는 시어머니가 떠 주셨다. 나는 이래저래 인복이 많다. 어린 소녀는 핑크색 바지를 가리키며 나에게 자랑하더니 갑자기 다리를 번쩍 들어서 핑크색 운동화를 내게 보여 주었다. 말없이 행동으로 하는 어린아이의 자랑이 귀여웠다. 나는 핑크색 운동화도 부럽다고 응대했다. 아이가 의기양양해서 환하게 웃었다. 그렇게 하는 사이에 내가 내릴 역이 되었다. 내리면서 나는 말했다.

"어린이는 나라의 보배. 무럭무럭 잘 자라세요. 핑크 어린이."

아이는 환하게 웃으며 바이바이 손을 흔들었다. 가슴이 따뜻해졌다. 날은 추웠지만 따뜻한 마음의 봄이 이렇게 왔다.

옛날에 봄날 입었던 핑크색 옷이 갑자기 생각났다. 양장점을 하던 친구의 언니가 손님 주문으로 옷을 만들어 주고 천이 조금 남았다고 했다. 내가 체구가 작으니 소매 없는 통 일자로 된 옷을 만들어 주었다. 뻣

뻣한 천이고 아주 연한 분홍빛이 났다. 색이 진하지 않으니 어떤 티셔츠를 입어도 그 위에 걸치고 다니기 편해서 즐겨 입었다. 어느 날 그 옷을 입고 지인의 언니를 만났다. 그녀는 똑똑하고 머리 좋다고 소문이 났고 자타가 공인하는 문학 소녀였다. 그녀가 나를 보더니 말했다.

"나는 핑크색 옷을 입은 여자들이 싫어."

나는 놀라서 언니를 바라보았다.

"노골적으로 '나를 사랑해 주세요.' 갈구하는 것 같잖아."

나는 강원도의 풋내기 대학생이었고 그녀는 서울에서 좋은 회사에 다니는 세련된 여성이었다. 그날부터 나는 핑크색을 멀리하기 시작했다. 그런 내가 수많은 세월을 넘어 다시 핑크색을 입기 시작한 것은 근래의 일이다. 버려진 핑크색 모자가 속절없이 뒹굴고 있었기 때문이었고 핑크색 양모 스웨터와 핑크색 조끼와 목도리를 받았기 때문이었다.

핑크에 대한 다른 기억도 떠올랐다. 보름달 핑크문이 뜬다고 방송에서 난리가 난 적이 있었다. 그날 밤에는 핑크문을 볼 수 있을 거라고 했다. '핑크색 달이라고? 꼭 봐야지' 마음을 먹었다. 그런데 막상 그 시간쯤엔 잊고 있었다. 문우 한 분이 사진을 올렸다.

"달이 예뻐요~"

번개처럼 핑크문 생각이 났다. 얼른 창문을 열었다. 다행히 창문 밖 산등성 위에 둥근 달이 떠 있었다. 그런데 아무리 보아도 내 눈에는 핑크빛으로 보이지 않았다. 벌거벗은 임금님 동화처럼 혹시 마음이 나빠서 핑크로 보이지 않는 것인가. 잠시 생각했다. '더 보고 있으면 어느 시간이 되면 핑크로 보이려나.' 작정하고 달을 보기로 했다. 창문을 열어 놓은 채로 방의 불을 껐다. 앉아서 보다가 누워서 보다가 서서도 보다가 하면서 시간을 보냈다. 그러나 핑크빛은 결국 보지 못했다. 나중에 알고 봤더니 원래도 핑크빛은 아니란다. 북아메리카 원주민들이 4월에 뜨는 보름달에다가 그들의 분홍색 꽃이 개화하는 철이라서 붙인 이름이란다. 사람들은 달이 핑크색이 아닌 줄 알면서도 달조차도 핑크문이라 이름을 붙이며 핑크빛을 기다리며 인생을 사는 것인지도 모르겠다.

'연분홍 치마가 봄바람에 휘날리더라.' 이렇게 시작하는 〈봄날은 간다〉라는 노래가 방송에서 나오고 있었다. 이 노래는 왜 들을 때마다 눈물이 고일까? 쌓인 한은 너무나 많은데 노래를 부르는 가수가 담담하게 불러서 그렇다는 해석도 있었다. 아는 분이 노랫말 이야기를 들려주었다. 한국전쟁과 휴전으로 어수선한 시절, 그림을 그리고 시를 쓰던 아들은 방랑의 길을 나섰고 어머니는 늘 아들을 기다렸다. 남편 없이 키운 아들은 떠돌이 생활로 돌아올 기약도 없었고 봄이 오고 갈 때마다 엄마는 그리움에 목말라했다. 열아홉 살 시집올 때 입고 온 연분홍 한복을 아들이 장가갈 때 입고 싶다고 어머니는 늘 유언처럼 말했다. 나중에 그 아들이 어머니의 마음을 글로 써 노랫말이 되었다고 했다. 지금도 해외교포 위문 공연에서 그 노래를 부를 때 가장 많은 사람들이 운단다.

어머니들은 그리고 여인들은 왜 분홍빛에 끌리는가? 그리움 때문인가? 정말 그녀의 말대로 사랑의 갈망 때문인가.

궁체 宮體

나는 요즘 한글 서예에 푹 빠져 있다. 한글 서예에서 처음에 배우는 것이 궁체다. 궁체는 궁에서 여인들이 쓰던 한글 글씨체로 궁서체 도는 궁체라고 하는데 그 모양이 어찌나 단아하고 어여쁜지 그 매력에 빠질 수밖에 없다. 처음에는 내려 긋는 획 'ㅣ'를 배운다. 내 이름에 내려 긋는 획이 세 군데나 다 들어가니 잘 쓰고 싶은데 그렇게 어려울 수가 없다. 획 하나도 제대로 못 해서 벌벌 떨면서 한다. 삐뚤 빼뚤이다. 그러나 아는 글자라 그런지 재미있다.

나는 몇 년 동안 한문 서예를 했다. 몸이 아파서 우연히 뜸으로 유명한 구당 선생님을 알게 되어 뜸사랑 공부를 하게 되었는데 책에 한자가 너무 많았다. 한문을 잘 모르는 나로서는 여간 난감한 일이 아니었다. 동양의학의 경락·경혈의 이름은 다 한자인데 한자는 뜻글자라 그 경혈

명이 바로 치료혈이 되기도 한다. 예를 들면 흉추 9번에 있는 경혈의 이름이 근축筋縮이다. 근이 축소될 때 쓰는 혈. 강직성척추염이나 루게릭병 환자들에게 쓴다. 그러니 한자를 꼭 알아야겠다는 생각이 들었다.

나는 동사무소 한문 서예 교실에 등록했다. 내 목표는 글씨를 잘 쓰는 것이 아니라 한자와 친숙해지는 것에 두었다. 그냥 콩나물에 물 주듯이 서예반에 꾸준히 왔다 갔다 하기로 마음먹었다. 그렇게 16년이 지났다. 나는 공부를 열심히 하는 타입이 아니어서 한문을 잘 알게 되거나 붓글씨를 잘 쓰지는 못했다. 그저 한자와 친숙해졌다. 서예 선생님은 붓글씨 공부를 열심히 안 하는 나를 이해해 주셨다. 감성적인 한시를 많이 알려 주시며 내가 수필 쓰는 것을 칭찬하고 격려해 주셨다.

오늘 문득 창밖을 보니 벚꽃잎이 날리고 있다. 다시 또 꽃잎이 떨어지는 계절이 왔구나! 선생님 생각이 났다. 몇 년 전 이맘때 선생님이 써 주신 〈강가〉라는 시에서 "낙화입실노처향(落花入室老妻香, 꽃잎 떨어져 방에 들어오니 늙은 아내도 향기로워진다)" 구절을 읽고 얼마나 감동했던가. 선생님은 이젠 사모님이 아파 병간호해야 하고 본인도 구십이 넘어서 분당에서 서울까지 오기 힘들어 서예반을 그만둔다고 하셨다. 선생님은 가끔 혼잣말처럼 자신이 알고 있는 모든 것을 다 알려 주고 가야 하는데 시간이 없다고 했다. 이제야 그 말씀이 이해된다. 열심히 따라하지 않는 나는 죄송하기만 하다.

그 후에 동사무소 서예반에 한글 선생님이 새로 오셨다. 젊고 어여쁜 여자 선생님이다. 나는 언젠가는 국가무형유산으로 지정된 한글서예도 배우고 싶었다. 한글 선생님 또한 처음엔 한문을 했는데 어느 날 한글에 반해서 한글 선생님이 되었다고 한다. 그리고 자신의 경험담을 이야기했다. 외국에서 붓글씨 전시회를 했을 때 한류 열풍으로 많은 외국인이 전시회에 왔는데 걸려 있는 작품이 한문은 많았는데 한글은 적었다. 외국 사람들이 실망하면서 한글이 보고 싶어서 왔는데 왜 한글 작품이 이렇게 적으냐고 항의했다. 이름을 한글 붓글씨로 써 달라는 요청이 많아서 이름 써 주는 행사를 했다. "소피아"라는 이름을 써 주었더니 몹시 기뻐했다. 그런데 기념사진을 찍을 때 보니 이름을 거꾸로 들고 있어서 한참 웃었다.

  한글 창제 이후 《훈민정음》 등에 쓰인 한글 판본체는 읽기는 쉬우나 쓰기가 어려웠다. 그래서 쓰기 편리한 필사체로 발전하여 궁체가 형성되었다고 한다. 조선 중기 이후에는 한글의 생활화로 많은 여성이 한글을 익히기 시작했고 선조 때는 왕비가 친정에 내리던 사사로운 편지 등을 전문으로 쓰는 서사 상궁들이 있었다. 그들에 의해 아름다우면서 쓰기 편리한 필사체가 만들어졌다, 숙종 대에 이르러 단아한 궁체가 완성되었고 영조·정조 임금 대에는 국문학의 융성으로 궁체는 완숙기를 맞았다. 서사 상궁 중에서 선발된 지밀나인들의 편지 글씨는 세련미가 넘치고 아름답기 그지없다. 그렇게 궁체는 부드럽고 우아하면서 아름다운 글씨가 되었다.

  얼마 전에 방영된 《옷소매 붉은 끝동》이라는 드라마는 정조와 의빈의 사랑 이야기였다. 정조는 궁녀인 그녀를 사랑하여 고백했지만 두 번이나 거절당했다. 그녀는 무려 15년 동안 임금의 사랑을 받아 주지 않았다. 결국 그녀의 여종에게 매를 내렸고 그 후 그녀는 그 사랑을 받아 주었다. 이런 내용은 의빈이 죽고 정조가 직접 쓴 《어제의빈묘지명》에 상세히 기록되어 있다. 우연히 드라마를 같이 보던 남편이 임금의 승은을 거절한 궁녀가 있을 수 있느냐고 물었다. 나는 그런 대단한 여인이 실제로 있었다고 답했다. 정조가 직접 쓴 글이 아니면 영영 묻힐 뻔한 이 이야기는 《어제의빈묘지명》 등에 나와 있는데 정조가 쓴 글들이 다 한문으로 되어 있어 그동안 연구가 이루어지지 못하다가 최근에야 연구가 되어 밝혀졌다고 한다.

이 글에서 정조는 의빈을 태도가 단정하고 총명하며 문자나 문장을 쓰는 것 역시 보통을 뛰어넘었고 재능, 기술, 예술까지 갖춘 여인이었다고 했다. 의빈은 궁녀였던 21살 무렵 작자 연대 미상의 고전소설 《곽장양문록》이라는 한글 소설의 필사에 공주들과 함께 참여했다. 이 책은 낙선재, 규장각에 있다가 서울대학교에 있었고 6·25 전쟁 중에 민간에 유출되어 부산의 한 고물상이 전부 뜯어 병풍으로 쓰려던 것을 고서 수집가인 홍두선 선생이 발견하여 서울역사박물관에 기증했다. 그 책 일부에 "의빈글시"라고 적혀 있는 것이 전시되고 있다고 한다.

그녀가 왜 정조의 사랑을 두 번이나 거절했는지에 대한 의견은 분분하다. 어린 시절 궁에 들어와 혜경궁 홍씨의 사랑을 받으며 지낸 그녀는 후궁들의 삶이 평탄치 않은 것을 알았고 현명한 그녀는 글을 쓰면서 보내는 상궁이라는 직업이 후궁보다 더 자유롭다는 것을 좋아했다고 한다.

    정조를 두 번이나 거절한 여인. 나는 당차고 아름다운 여인, 의빈을 만나고 싶다. 꽃비를 맞으며 역사박물관에 그녀의 궁체를 보러 가련다.

개망초

 한적한 길을 가고 있는데 음악 소리가 들렸다. 앞서가며 노래를 듣는 노인은 귀가 어두운 탓인지 내게도 들릴 만큼 큰 소리였다. 구름이 울고 넘는 산 아래에 자신이 살던 고향이 있었는데 지금은 어느 누가 살고 있는지 모르겠다는 노래였다. 나는 그 노래를 듣고 갑자기 울컥했다. 나도 모르게 눈물이 났다. 세상에! 길을 가다 노래를 듣고 울컥하다니…. 그것도 오래전에 아버지가 듣던 노래를…. 정말 아버지, 어머니가 살고 있던 그 집에 누가 살고 있을까. 갑자기 고향 생각이 났다. 고향이란 그리움이 있는 곳인가.
 고향 그리움으로 마음이 먹먹해 있을 때 막내 여동생에게서 전화가 왔다. 고향에 있는 아버지 산소에 같이 가잔다. 막내는 산소에 가 본 지 몇 년이 되었다고 한다. 사무관 시험 준비로 세월이 흐르고 시험 합격

후에는 발령을 새로 받아 이동하느라 시간이 훌쩍 지나갔단다. 노래 듣고 길에서 눈물짓던 여운이 아직 남아 있던 나는 얼른 고개를 끄떡였다. 나는 어머니가 병원에 입원한 후 어머니 안 계신 고향이어도 봄이면 열리는 초등학교 총동문 체육대회는 갔다. 어머니 계실 때 고향 친구들이 애써 준 것이 많아 일 년에 한 번이라도 친구들이 보고 싶기 때문이다. 행사 시작 전에 일찍 도착해서 아버지 산소에 들리곤 했다. 그런데 여동생들은 아직 현직에 있으니 바빠서 고향 가기가 쉽지 않았다.

고향에 가기 위해 의정부에서 버스를 타고 중간 기착점인 일동 버스 정류소에 갔다. 어머니가 고향에 있을 때 자주 오던 곳이었다. 매주일 어머니를 모시고 이곳 온천에 왔었고 시장에 들러 장도 봤기에 이곳저곳 추억이 서린 곳이 많았다. 나는 서울에서 오는 막내를 기다리며 화원에서 아버지 산소에 놓을 꽃을 샀다. 작은 화분에 들어 있는 노란색, 분홍색 활짝 핀 꽃이 아름다웠다. 서울에서 오는 버스에 막내가 타고 있었다. 우리는 같이 버스를 타고 고향에 갔다. 양평에서 출발한 교장 여동생은 차를 끌고 와서 고향에서 우리를 기다리고 있었다. 예전에 어머니 살던 집이 눈에 들어왔다. 막상 고향집을 보니 눈물이 나지는 않았다. 그리움이란 먼 곳에 있을 때 더 간절한 것인가.

아버지 산소에 올라가려면 작은 산길을 거슬러 올라가야 한다. 산 아래에 차를 세우고 산길을 오르기 시작했다. 비가 오고 있었다. 아침부터 내린 비에 길은 미끄러웠다. 등산화를 신고 올 것을 괜히 여름 운동화를 신고 와서 빗물이 들어와 운동화도 젖고 양말도 다 젖었다. 우리들은 서로 조심하라고 격려하면서 산길을 올랐다. 우리가 시골 출신이라 이런 날씨에 산소에 갈 수 있다고 하면서, 도시 사람들은 나서지 않을 거라고 말하며 깔깔 웃었다. 그 얕은 산은 온통 개망초꽃이 만발해서 어디가 밭이고 어디가 산소인지 도무지 알 수가 없었다. 한쪽에 초록색 쇠 울타리가 보였다. 벌초하러 왔다가 멧돼지가 산소를 파 놓은 것을 본 남동생이 쇠 울타리를 둘러놓았기에 아버지 산소인 줄 알 수가 있었다. 우리는 울타리 덕분에 산소를 찾을 수 있다며 큰 남동생 칭송을 했다.

아버지가 10년만 늦게 돌아가셨어도 화장했을 거라고 여동생이 말했다. 장례 문화가 급격하게 바뀌어 요즘은 화장이 대세이다. 우리나라가 주로 불교식 화장을 하던 때에 조선이 건국을 했고 유교의 장례를 국법으로 정했다. 화장을 매장으로 전환하고자 아무리 애를 써도 개국 100년이 지나도록 크게 변화가 없었다. 그래서 매장하지 않고 화장한 자는 장 백 대를 때리기도 했다. 나중에 유교식 매장 문화가 정착한 후에는 묘지에 대한 소송이 끊이지 않아서 산송山訟, 즉 묘지 소송은 큰 비중을 차지했다. 땅의 이권보다는 가문의 명예와 위상을 지키려는 싸움이었다고 한다.

《박효랑전》은 선산을 지키려고 소송했던 아버지가 억울하게 죽자, 큰 딸 문랑과 작은 딸 효랑이 목숨을 걸고 투쟁하는 이야기를 쓴 실화라고 한다. 언니인 문랑마저 죽자 효랑은 거리의 사람들을 대상으로 가족의 억울함을 알리기 시작한다. 청원을 넣고 길에서 대신이 타고 지나가는 수레를 붙들고 하소연했다. 영조가 세자 시절에 거리의 효랑을 보았는데 나중에 임금이 된 후 조정 회의에서도 계속되는 효랑의 하소연이 거론되었다는 기록이 있다. 그렇게 긴 세월이 걸려 나중에 자매는 효를 인정받았다.

 이렇게 조상들이 산소에 목숨 걸었던 시대에서 요즘은 다시 화장 문화로 접어들었다. 고향에 아무도 살지 않으니 산소 돌보기도 힘든 시대다. 요양병원에 계신 어머니가 돌아가시면 우리도 아버지 산소를 없애고 같이 봉헌당에 모시기로 형제자매간에 의논했다. 이번의 아버지 산소 방문이 마지막이 될지 또 내년에 올 수 있을지 모르겠다.

 내가 산 꽃을 아버지 산소에 놓았다. 그러나 자연 속에 핀 개망초꽃 천국에 가니 돈을 주고 산 꽃은 빛을 잃었다. 자연적인 것이 최고임을 새삼 알았다. 이렇게 아름다운 꽃의 이름이 개망초라니 서글프다. 막냇동생은 이렇게 이쁜 꽃에 망할 망자가 들어가서 깜짝 놀랐다고 했다. 조선이 망하고 있던 개화기 때 철도목으로 들어오던 나무에 묻어 왔다고 짐작되는데, 이 꽃이 피고 나라가 망해서 사람들은 망국초, 망초라고 불렀다고 한다. 망초와 개망초는 비슷하다. 봄에 피는 꽃잎이 작은 것은 망초, 초여름에 피고 꽃이 큰 건 개망초다. 흔하고 별 볼 일 없다고 개복숭아처럼 개자를 붙여 개망초가 된 것이다. 꽃이 무슨 죄가 있겠는가. 그저 철이 되어 꽃을 피웠을 뿐인데 인간들은 자신들이 나라를 망하게 해 놓고 꽃에게 책임을 전가하듯이 그렇게 이름을 지었다니 가슴 아프다.

비가 너무나 많이 와서 엎드려 절은 하지 못했다. 90도로 구부려 인사를 하고 묵념을 드렸다.

"아버지, 저 사무관 시험에 합격했어요. 늦게 와서 죄송합니다."

막내가 아버지께 고했다. 개망초꽃 속에 서 있는 동생들이 아름답다. 다른 나라에서 들어와 우리나라에 정착한 꽃, 봄에는 나물로 쓰고 또 약효를 인정받아 여러 가지 약재로 쓰인다고 한다. 내 동생들도 첩첩산중 이곳 고향을 떠나 객지에서 자신의 분야에서 자리를 잡고 서느라 얼마나 고생이 많았겠는가. 그렇게 생각하니 나의 다섯 동생이 새삼 대견해 보인다.

타향에서 삶을 개척하는 것이 어디 쉬웠으랴. 든든한 맏이 노릇을 해 주지 못해서 나는 동생들한테 늘 미안하다. 비빌 언덕이 되어 주었으면 좋았겠지만 나 살기 바빠 그러지를 못했다. 아버지가 우리 형제자매들을 보듯이 개망초꽃을 보며 위로를 느끼셨으면 좋겠다. 먼 나라에서 와서 나의 고향에까지 자리를 잡아 아름답게 피운 꽃. 우리가 오지 않아도 저렇게 아름다운 개망초꽃이 아버지 산소를 아름답게 꾸며 주고 있으니 그저 고맙다.

떡집 아들

나뭇잎은 초록으로 빛을 발하고 하늘은 눈부시게 푸르렀다. 경쾌한 음악 소리는 발걸음을 가볍게 했다. 오랜만에 온 모교 운동장. 마음은 어린 시절로 돌아왔다. 해마다 열리던 총동문 체육대회. 코로나로 못하다가 4년 만에 연 것이다. 운동장 한쪽에 탁자와 의자가 있고 음식을 먹을 수 있게 만들어 놓았다. 동네 아주머니들이 열심히 일하고 있었다. 국과 밥과 전 그리고 떡이 있었다. 맛있는 음식이 수두룩했다. 각자 먹고 싶은 것을 가져다 먹으면 되었다. 음식을 먹고 내 친구가 아주머니들께 조용히 다가가 고생하신다고 용돈을 드렸다. 아주머니들은 깜짝 놀라며 어찌할 줄을 몰랐다. 내 친구는 인사를 하며 자신을 소개했다.

"OO마을 살던 떡집 아들입니다. 우리 어머니가 매일 떡을 만들어 저를 키웠습니다."

아주머니들은 놀란 눈을 동그랗게 뜨고 내 친구를 바라보았다. 아주머니 한 분이 친구의 어머니를 잘 안다고 했다. 친구는 그분께 더 인사를 깍듯이 했다. 친구는 항상 자신의 어머니가 떡 장사하면서 자신을 키웠다고 어머니를 자랑스러워했다.

친구는 교회 장로님이고 자동차를 다루는 일을 한다. 우리 동창 중에 장로님은 이 친구 한 사람이라 나는 장로님 친구라고 부른다. 친구는 아무리 먼 곳이라도 올드카가 있다는 소식이 들리면 아내와 같이 새벽에 출발해 달려가서 살펴보곤 한단다. 그는 현재 여러 대의 벤츠를 갖고 있는데 1970년대 차부터 있다고 한다. 수십 년 되었어도 부속품 호환이 가능하다고 했다. 친구는 이 차들을 매일 뜯고 조립하고 매만지는 것이 큰 즐거움이라고 한다. 자신의 지하 주차장에 가서 이 차들을 뜯어보고 고치고 기름 치고 수리하노라면 모든 스트레스가 풀린단다. 배기량이 큰 차에서 나오는 붕붕 소리에 저절로 가슴이 설렌다고 했다. 우리는 친구의 차가 크니 한꺼번에 모여서 그 차를 타고 우루루 이동하곤 했다. 차도 사람과 같아서 가끔 돌봐 주고 타 주기도 해야 하는데 그게 잘 안되어 이제는 차 숫자를 줄여야겠단다. 오늘 타고 온 차도 다음 달에 직원에게 주기로 했단다.

나는 친구가 성공한 사람이라고 생각하기에 성공 비결이 무엇이냐고 물어보았다. 자신은 성공한 사람은 아니지만 늘 습관적으로 하는 일은 있다고 했다. 매일 새벽예배를 빠지지 않고 나가 하나님께 간청을 드린다고 했다. 자신은 부족한 사람이니 하나님이 도와 달라고 간청하면 하나님은 거절하지 않으신단다. 직원들에게 월급을 잘 줄 수 있는 사람이 되게 해 달라고 항상 기도하면서 모든 경조사는 다 챙기려고 노력한다고 했다. 새벽기도와 경조사 챙기기. 나는 친구의 성공 비결을 듣고 너무 쉽다고 생각했다. 나도 할 수 있을 것 같았다. 문학교실 카페의 나의 닉네임을 '새벽 미사'로 하고 열심히 성당에 가서 새벽기도를 하기로 결심했다. 그런데 작심삼일이었다. 일주일도 못가서 포기했다. 그들의 성공 비결은 작은 것처럼 보이지만 아무나 못하는 것이었다. 위대한 것은 단순하지만, 단순한 것을 꾸준히 행하는 것은 위대하다고 한 철학자의 말이 생각났다.

운동장 옆 임시 식탁에서 떡을 먹으며 친구는 말했다. 베들레헴이 "떡집"이라고. 나는 처음 듣는 소리였다. 예수님이 베들레헴의 마구간에서 태어났다는 이야기는 어린 시절 주일학교에서부터 늘 들었지만 떡집 이야기는 처음이었다. 알고 보니 도시 명 베들레헴의 어원이 떡집이었다. 벧(집)+레헴(떡)이며 작은 고을이라는 뜻도 있다. 예루살렘 변두리에 있는 마을. 이스라엘에 가 본 사람들의 이야기를 들어 보면 예수님이 태어났을 당시의 마구간은 우리나라의 마구간처럼 지상에 있는 것이 아니고 땅을 파고 들어가는 석회 동굴이라고 한다. 작은 고을 변두리 그리고 땅보다 낮은 동굴에서 태어나신 예수님은 "나는 하늘에서 내려온 산 떡"이라 말씀하셨다.

누군가 친구에게 어떻게 교회에 다니게 되었냐고 물었다. 여동생이 어렸을 때 폐결핵이 걸렸고 어느 날 숨을 안 쉬었다. 죽은 줄 알고 산에 묻으려고 땅을 파고 있는데 아이가 다시 숨을 쉬었다. 묻지 않고 산에서 내려왔을 때 어떤 분이 교회 가서 기도하면 병도 낫는다고 알려 주었다. 지푸라기라도 잡는 심정으로 아픈 동생과 어머님이 교회에 다니기 시작했다. 여동생이 나았고 어머니의 신심은 컸기에 자식들에게도 교회에 가고 꼭 십일조를 하라고 했다. 그런데 10분의 1을 하는 게 쉽지 않았다. 악마의 유혹인지 꼭 돈 쓸 일이 생겼다. 어느 날부터 마음을 다져 먹고 술·담배를 다 끊고 십일조를 하면서 오늘까지 이어왔다고 한다. 자신은 어머니처럼 신심은 깊지 않다고 했다. 자신이 돈을 벌게 되었을 때 어머니께 이제 떡 장사를 그만하라고 권했는데도 어머니는 그만두지 않으셨다. 전화상으로 말할 때는 그만두었다고 했는데 연락을 안 하고 시골집에 가 보면 어머니는 떡을 해서 여전히 팔고 있었다. 그 모습이 너무 속상했단다. 지금은 집에서 어머니를 편안히 모시고 있는 중이라고 했다.

　떡이란 무엇인가. 육신을 키우는 것도 떡이고 영혼을 키우는 말씀도 떡이라고 한다. 그래서 떡집 아들인 친구는 훌륭한 사람이 된 것일까. 나는 먹는 떡은 좋아하는데 영혼을 키우는 떡에는 약한 것 같다.

말 무덤[言塚]

 뜸사랑 봉사실에서 몸이 아픈 할머니가 내 침상에 왔다. 할머니는 파킨슨병이라고 했다. 다리에 있는 족삼리혈에 뜸을 해야 하는데 할머니는 무릎 지지대를 하고 있었다. 할머니 양말을 벗기고 지지대를 빼고 뜸을 떠 드린 후 다시 지지대를 끼우고 양말을 신겨 드렸다. 그러다가 퍼뜩 생각이 들었다. 내가 한 번도 본 적이 없는 할머니인데도 이렇게 뜸도 떠 주고 양말도 벗겨 주고 다시 신겨 주고 하면서 하루를 꼬박 보내고 있는데 몇 년을 동고동락한 공부방 언니가 나로 인하여 마음이 아프다는데 내가 이렇게 가만히 있으면 안 되겠다는 자각이었다. 더구나 언니는 정이 많고 의리 있는 사람인데.
 언니와는 십 년 동안 공부방에서 같이 공부했다. 얼마 전에 어떤 모임에서 나는 그 언니에게 혼났다는 말을 부지불식간에 하고 말았다. 아마 내 가슴에 앙금처럼 그때의 난감하고 서운했던 일이 남아 있었나 보다. 가만히 가라앉아 있던 앙금은 조금의 휘저음에도 위로 떠올랐던 것일까. "그 언니에게 혼난 적이 있어." 그냥 그 말뿐이었다. 긴 이야기로 이어지지도 않았다. 그날 그 자리에 언니는 없었는데 누군가가 언니에게 그 말을 전달했단다. 우리가 언니의 흉을 보았다고. 언니는 공부방 카톡을 나갔고 이 사실을 다른 사람에게 전해 들은 나는 정말로 속이 상했다. 그러면 나한테 전화해서 서운함을 이야기해야지 그렇게 단톡방을 나가 버리면 어떻게 하나 하는 생각이 들었다. 그런데 봉사실에서 할머니에게 뜸을 떠 드리며 퍼뜩 정신이 들었고 내 마음에 후회가 밀려왔다. 본인이 없는데 이야기를 꺼낸 내가 잘못이었다. 전해지는 이야기는 부풀기 마련 아닌가.

봉사실 점심시간을 기다렸다. 나는 부리나케 언니에게 전화를 걸었다.

"언니 나 때문에 속상하다는 말 전해 들었어요. 무조건 내가 잘못했어요. 언니 없는 자리에서 언니 이야기한 것, 그 자체가 잘못이에요. 죄송합니다."

언니는 많은 이야기를 했고 나는 가만히 들었다. 잘못했다고 용서하라는 내 이야기에 언니 마음이 조금 누그러진 것 같았다. 나는 갑자기 생각이 나서 물었다. 내 책을 받았느냐고. 언니는 책을 받지 못했다고 한다. 얼마 전에 내 책이 나와서 우편으로 부쳤는데 언니는 못 받았다고 했다. 일반 우편으로 부치면 가끔 이렇게 배달 사고가 난다. 이번에도 일이 꼬이려고 그랬는지 공교롭게 이렇게 된 것이다. 만약 전화하지 않았다면 서로 얼마나 오해 속에서 살 것인가. 책을 받고도 고맙다는 말은 없고 서운한 말만 전한다고 나는 생각했었다. 이번에는 등기 우편으로 언니에게 책을 보냈다. 언니는 책을 잘 받았다고 하면서 쑥떡 한 상자를 보내주었다. 쑥떡이란 쑥으로 만든 떡을 말하기도 하지만 쑥덕쑥덕 이야기하면서 먹으라고 쑥떡이라고도 한다던데…. 나는 시어머니께 언니가 어머니랑 같이 먹으라고 이렇게 떡을 보냈다고 언니 자랑을 하면서 떡을 함께 먹었다. 이런 갈등을 겪고 보니 여동생이 답사 여행을 하면서 보았다는 말 무덤 이야기가 생각났다.

'말'하면 일단 달리는 말이 생각난다.

분당에 있는 이경류 선생의 애마 무덤은 선생이 왜군을 막기 위해 상주로 갔다가 전사했는데 선생이 아끼던 말이 피 묻은 옷과 유서를 가지고 고향으로 와서 전사를 알렸다고 한다. 500리를 달려온 말은 3일 동안 먹지도 않고 죽었다. 후손들이 선생의 무덤 아래 말 무덤을 만들어 주었다. 유명한 김덕령 장군의 백마 이야기도 있다. 활쏘기와 말타기를 좋아했던 김덕령 장군은 화살보다 먼저 당도하지 않으면 백마의 목을 치겠다고 이야기하고 화살을 쏘고 말을 달렸다. 도착해서 화살을 찾았으나 보이지 않았다. 그래서 백마의 목을 쳤다. 그런데 '쌩'하는 소리에 돌아보니 화살이 날아오고 있었다. 백마가 너무 빨리 달려 화살보다 먼저 도착했던 것이다. 김덕령 장군은 백마를 죽인 것을 후회하며 말의 무덤을 만들어 주었다. 이렇게 달리는 말의 무덤은 말 무덤, 마총馬塚이다.

또 '말'하면 우리가 하는 말이 있다.

여러 성씨가 모여 사는 어느 마을에 한마디의 말이 씨앗이 되어 이 말 저 말로 문중 싸움까지 번지는 일이 다반사여서 마을이 조용한 날이 없었다. 마을의 어른들은 모여서 많은 의논을 하고 지나가는 선비에게까지 묘안을 물었다. 그가 마을 사람 모두를 불러 모아 하고 싶은 말을 하게 하고 그 말들을 사발에 뱉어 그 사발을 땅에 묻어 큰 봉분의 무덤을 만들었다고 한다. 그 무덤이 말 무덤, 언총言塚이다. 그 후에 마을에는 더 이상 말 때문에 일어나는 싸움은 없어졌다. 그런 유래 때문인지 언총인 말 무덤이 전국에 몇 곳이 있다고 한다.

내가 그 사람에 대해 말할 때 이미 그 사람은 그때의 그 사람이 아니라는 구절도 떠올랐다. 그 시절의 철없던 사람은 세월이 흘러 어느 새 철든 사람이 되었는데 우리는 철없던 그 시절의 사람을 흉보고 있다는 것이다. 여동생한테 들었던 말도 생각났다. 옛날에 큰언니인 내가 어찌나 앙칼지던지 가까이 하기가 싫었다고 했다. 큰언니가 지금처럼 변해서 참 다행이라고 했다.

내가 한 말 때문에 갈등을 겪고 보니 나도 말 무덤을 만들어야 하지 않을까 생각이 들었다. 산길을 지나다 보면 나무가 뽑힌 자리인지 동물들이 파 놓은 자리인지 작은 구멍들이 있다. 나도 그곳에 가족이나 친구, 주변 사람들한테 화났던 일, 서운했던 일들을 주저리주저리 말하곤 묻어야겠다. 나만의 말 무덤을 만들어야겠다. 나쁜 말 서운한 말들은 더 이상 나오지 않도록.

명당

모임에서 국립중앙박물관 전시회를 보고 나왔다. 집에 가기 위해 지하철역에 들어섰는데 서울 현충원이 한 정거장 거리인 것을 알았다. 문득 혼자서라도 시아버지가 계신 현충원에 가 보리라 마음먹었다. 예전에 가족들과 같이 갈 때는 차로 이동을 하니 현충원 입구에서 충혼당까지 그렇게 먼 거리인 줄 몰랐다. 혼자 전철역에 내려서 걸어가 보니 산꼭대기에 있는 충혼당은 멀고도 멀다. 더구나 다리가 아파서 물리치료를 받는 요즘이라 쉬엄쉬엄 걸을 수밖에 없었다. 눈을 들어 길을 가늠해 보며 어디로 가야 조금 더 빠른 지름길이 될까를 생각하며 걸었다. 그러다가 우연히 접어든 숲속에서 창빈 안씨의 묘를 발견했다. 세상에! 이런 일도 다 있구나. 현충원이 되기 전 동작동은 창빈 안씨의 묘역이었다. 선조 임금의 친할머니 창빈 안씨의 묘는 원래 다른 곳에 있었다. 그런데 이곳 동작동으로 옮긴 후에 손자가 임금이 되었다. 그때부터 이곳이 명당이라고 소문이 났다. 선조 이후의 조선 왕들은 모두 그녀의 핏줄이라고 한다. 후에 이곳이 호국영령들을 모시는 현충원이 되었다.

창빈 안씨의 기사를 신문에서 읽고 꼭 가 보고 싶었지만 가족들과 함께 오니 그럴 수가 없었다. 오늘 혼자서 오니 이런 호사도 누리는구나 싶었다. 길치인 내가 어떻게 그녀의 묘를 찾겠는가. 혼자 현충원에 오는 내가 기특해서 충혼당에 계신 아버님이 특별 보너스를 주신 것만 같다. 묘는 웅장하지 않고 아담해서 더 아름다웠다.

명당이라는 말을 접하니 명당이라고 소문난 곳에 가 보고 싶어졌다. 사도세자의 무덤이다. 뚜벅이인 나는 수원역에서 버스를 타고 능에 갈 수 있었다. 융릉은 사도세자의 능이고 건릉은 정조의 능이다. 사도세자의 어린 시절은 아버지의 사랑을 받을 만큼 총명했다. 아버지 영조는 늘 정통성 시비에 시달렸고 아들이 학문에 뛰어나기를 바랐다. 그러나 사도세자는 문보다는 무예를 좋아했다. 그들의 갈등은 거기서부터 시작되었다. 역사 해설사가 덧붙인 말의 여운이 아직도 내 귀에 남아 있다. 지금의 우리도 자식들이 좋아하고 잘하는 것을 칭찬하지 않고 부모가 원하는 것을 자식들에게 강요하는 것은 없는지 깊이 생각해 보아야 한다고 했다. 사도세자는 뒤주에서 생을 마쳤고 남긴 치적도 없다. 그러나 그의 무덤은 화려하고 웅장했다. 정조는 왕위에 오른 후 아버지 묘소를 좋은 곳으로 옮기고 격을 높였다. 정조 같은 훌륭한 아들을 두었기에 그의 무덤은 명당에 속한다.

　가장 손꼽히는 명당은 숙빈 최씨의 무덤이었다. 영조는 무수리의 아들로 태어나 왕이 되었고 오십 년 넘는 오랜 기간 통치했다. 건강도 좋아 장수한 왕으로 꼽힌다. 영조는 조선 임금 중에서 82세까지 가장 오래 살았다. 가장 성공한 자식을 둔 어머니기에 그녀의 무덤은 풍수가들이 뽑는 최고의 명당이다. 풍수를 공부하는 사람들은 그곳에 꼭 가고자 하는데 소령원은 중국의 풍수지리에 수록될 정도로 길지라고 한다.

　나는 소령원을 찾아가 보기로 했다. 집에서 새벽에 길을 나섰는데 그곳으로 가는 버스는 한 시간 반을 기다려도 오지 않았다. 날은 추운데 버스 회사로 전화를 해 봐도 아무도 받지 않았다. 할 수 없이 집으로 돌아왔다. 점심을 먹고 다시 인터넷을 찾아보니 소령원을 지키는 보광사라는 절이 있었다. 그 절에는 한 시간에 두 대 정도 버스가 다녔다. 그 절에 가기로 했다. 그 절에서 소령원까지는 4km 정도라고 했는데 나는 그 절까지만 가도 좋다고 생각했다. 보광사는 영조가 어머니 제사를 모시고 어머니 무덤을 지키라고 한 절이기에 오래된 건물과 벽화와 범종으로도 기품이 있었다. 영조가 친히 어머니를 기리며 심었던 향나무는 아직 생생해서 어머니에 대한 사랑을 느낄 수 있었다.

　절은 조용하고 묵상하기도 좋고 풍광까지 좋아서 여행지로 최고라는 생각을 했다. 내 앞에서 큰 사진기를 들고 몇 분이 이곳저곳을 찍고 있었다. 전문가의 느낌이 들었다. 나는 다가가 소령원이 어느 방향에 있는지를 물었다. 그분들이 자신들은 문화재를 찍는 사진작가들인데 이곳에서 사진을 찍고 곧 소령원을 가려고 한단다. 마침, 그들의 차에 자리 하나가 남으니 같이 가도 된다고 했다. 세상에나! 이런 행운이 다 있는가. 나는 그분들의 차를 얻어 타고 소령원까지 갔다. 소령원은 문이 굳게 닫혀 있었다. 신청을 안 해서 들어갈 수가 없었다. 나는 애초에 밖에서라도 보는 것이 목표였기에 만족했다. 나는 여기까지 온 것만도 감개무량해서 밖에서 이리저리 돌면서 소령원을 보았다.

명당 생각을 하다 보니 유명한 역사학자의 강의가 생각난다. 태조가 조선을 건국하고 한양으로 옮기고 싶어서 신하들과 길을 나섰다. 한양에 거의 다다라 관리들에게 물으니 모두 풍수가 좋지 않아 길지가 아니라고 했다. 태조가 정도전에게 물었다. 정도전이 대답했다.

"신은 음양 술수를 배우지 못했는데… 평일에 배운 대로 말하겠습니다. 주나라 성왕이…이것을 보면 사람에게 국가가 잘 다스려지고 어지러움이 있는 것이지, 땅에 성쇠가 있지 않음을 알 수 있습니다."

정도전은 국가의 흥망성쇠는 땅이 아니라 사람에게 달려 있다고 대답했다. 역사학자는 수백 년 전에 정도전이 한 이 말은 중국의 풍수 사상을 능가하는 조선의 풍수 사상이라고 극찬했다. 집에 돌아오면서 나도 곰곰이 생각해 보니 좋은 곳에 산소를 써서가 아니라 후손들이 잘되면 사람들이 명당이라고 붙이는 것이라는 생각이 들었다.

토네이도에 대한 영화를 보았는데 주인공들이 말하는 내용이 내 마음에 남았다. 토네이도 등급은 정해져 있지 않단다. 지나간 다음에 피해 상황을 보고 등급을 매긴다는 내용이다. 영화에서 주인공들은 위험을 무릅쓰고 토네이도에 가까이 다가가고 연구해서 인명 피해가 없는, 등급이 낮은 토네이도를 만들기 위해 애쓰고 있었다. 그 영화를 보면서 나는 우리의 명당 생각이 났다. 후손들이 열심히 애써서 훌륭한 사람이 되면 조상들이 있는 장소가 등급이 높은 명당이 되는 것과 같은 이치라고.

현충원에 혼자서 갔다 왔다는 내 이야기에 지인이 말했다.

"우리나라 최고의 명당은 서울 현충원이래요. 시아버님이 그곳에 계시니 선생님 아이들이 잘 될 거에요."

지인의 말에 나는 미소를 지으며 마음속으로 기도했다. 우리 부부와 우리 아이들이 훌륭하게 잘 생활하기를. 그래서 현충원이 명당이라는 그 명성이 그대로 유지되기를….

맨발 걷기

맨발로 산길을 걷는다. 등산화는 손에 들었다. 지나가던 사람들이 쳐다본다. 초등학교 일학년 정도의 아이가 동그란 눈으로 나에게 다가오며 물었다.

"왜 맨발로 다녀요?"

내가 입을 떼기도 전에 그 아이 옆에 있던 여인이 아이를 막아서며 답했다.

"발에 지압 효과를 주는 거야."

여인은 아이가 나랑 말하는 것을 원치 않았다. 아이를 데리고 빠른 걸음으로 가 버린다. 그들의 눈에 나는 괴짜이고 이상한 사람인가 보다. 그날따라 나는 음양오행과 동양학자의 명리에 관한 책을 옆구리에 끼고 있었다. 나는 후후 웃는다. 가끔 이런 시선도 싫지는 않다. 어떨 때는 내가 크게 모가 난 사람이길 바랄 때가 있다. 모난 돌이 정 맞는다지만 강하게 모가 나면 사람들은 그 사람의 개성을 인정한다고 했던가. 일리 있는 말이라고 생각한다.

지난해 가을. 아파트 뒷문으로 연결된 뒷동산에 올라갔다가 깜짝 놀랐다. 그곳은 사람들이 많이 다녀서 어릴 때 고향에서 본 신작로처럼 넓었다. "소풍길"이라고 안내표지도 붙어 있었다. 내가 사는 마을 이름은 능곡, 능골이다. 세조가 붕어했을 때 임금의 능을 지으려고 했던 곳. 왕릉은 다른 곳에 지어졌고 그 유래는 이름으로 남았다. 의정부에 살았던 천상병 시인은 삶이 소풍이라고 했다. 그래서 의정부시에서는 서울의 둘레길처럼 곳곳에 '소풍길'을 만들었다. 능골에서 북부청사까지 이어진 소풍길은 푸르름으로 맑았다. 험준하지도 않은 숲길은 무릎이 불편한 나에게도 힘들지 않았다. 가까이에 이토록 좋은 숲길이 있는 줄 몰랐다. 그 길에는 과학도서관도 있다. 나는 숲이 우거진 산길을 걸어 도서관에 가서 신문도 읽고 컴퓨터도 하면서 시간을 보내는 것이 큰 즐거움이 되었다.

일주일에 한두 번 산길을 걷고 있을 때 우연히 맨발로 걷는 사람들의 이야기를 읽었다. 어싱(earthing)이라고 했다. 발이 지구와 접촉하면 땅의 기운을 받아서 면역력이 강화되고 지구의 자유 전자 에너지가 몸속으로 흡수되는데 이것은 자연의 가장 큰 항산화물질이라 몸 안에서 염증과 질병을 일으키는 과잉 활성산소를 중화시킨단다. 글을 읽고 호기심에 당장 실천해 보았다. 몇 걸음 옮기고 기절할 듯이 놀랐다. 악! 비명이 저절로 나온다. 발바닥이 그렇게 예민한 곳인 줄 몰랐다. 모래 한 알 한 알이 발을 깊게 깊게 찔렀다. 포기하고 다시 신발을 신었다. 그 후에 한두 번 더 도전했는데 이번에는 밤 가시에 찔렸다. 발바닥에 박힌 가시는 눈물이 나도록 아팠다. 가시를 빼고 그곳에 쑥뜸을 떴다. 덧나지 않아서 다행이었다. 그날로 맨발 걷기는 포기하고 등산화를 신고 다녔다.

꽃피는 봄날에도 숲길을 걷고 있었다. 무언가 살포시 날아왔다. 나비인 줄 알았다. 그런데 다시 보니 꽃잎이었다. 산벚꽃. 무르익은 봄날, 꽃들은 떨어지고 또 떨어졌다. 떨어짐이 잠시 멎은 듯해서 걸음을 옮기는데 또 무언가 살살 날아 내려왔다. 꽃잎이겠거니 생각했다. 그런데 나비였다. 나비는 날아와 바위 위에 앉았다. 바위에 앉는 나비가 신기해서 가만히 바라보았다. 바위 위에는 떨어진 꽃잎이 수북하였다. 그런데 나비는 떨어진 꽃잎 위에는 앉지 않았다. 울퉁불퉁한 바위 표면에 앉았다. 마치 떨어진 꽃잎을 피해서 앉은 것 같았다. 나는 갑자기 가슴 먹먹하였다. 나비는 떨어진 꽃잎에 저렇게 경의를 표하는구나.

도저히 꽃잎을 밟고 갈 수가 없다. 가만히 신을 벗는다. 맨발이 되었다. 가만가만 꽃잎을 피해 발걸음을 옮겼다. 그렇게 내 맨발 걷기는 봄날에 시작되었다. 살살 걸어보니 할 만하였다. 지금은 8월 중순, 여름 한가운데. 비바람에 떨어지는 푸른 나뭇잎이 많다. 봄날에 꽃잎을 피하듯 떨어진 나뭇잎도 밟지 않으려 조심조심 걷는다. 더 이상 발은 다치지 않았다. 맨발로 산길을 걸으며 생각했다. 살다 보면 사람들도 가시를 날카롭게 세우고 살 때가 있다. 나는 배려하지 않고 내 식대로 행동하고 그들이 세운 가시에 찔려 아파했다. 내가 조심하고 배려했다면 그 가시에 찔리지 않았으리라.

예상치 못하게 소나기를 만나기도 한다. 우산을 쓰고 빗물의 연주를 듣는다. 우산은 참 작은 것인데 가지고 있을 때와 없을 때의 마음 차이가 참으로 크다. 작은 우산이라도 있으면 안심이다. 우산 위로 떨어지는 빗방울의 연주. 때로 빗방울이 굵을 때는 개울가 물소리가 들리는 듯 요란한 연주가 된다. 중간에 비를 만났는데 우산이 없을 때도 있다. 금방 지나가는 비이기를 바라며 나뭇잎 무성한 큰 나무 아래서 비를 피한다. 그러나 굵은 빗방울은 나뭇잎 사이를 뚫고 내게로 쏟아진다. 이래저래 다 젖으니 할 수 없이 흐르는 비를 맞으며 길을 나선다. 맨발로 천천히…. 그런 나를 보면 정말 괴짜이고 이상한 사람이리라. 산길에서는 비가 와도 뛰지 않게 된다. 뛸 수도 없다. 그저 천천히 걷는다. 물안개가 피어오른다. 안개는 지표 가까이에 뜨는 작은 물방울. 물방울과 빗방울 사이로 나는 걷는다.

천천히 걷고 있을 때 작은 나무에 피어 있는 꽃이 눈에 들어온다. 비를 맞고 있는 꽃, 분홍빛과 자줏빛, 흰빛의 조화가 아름답다. 암술과 수술의 특이한 모습도 신기하다. 나는 사진을 찍어 카톡방에 올렸다. 이름 모를 꽃은 없다고 하신 문학반 교수님 말씀을 항상 기억한다. 누리장나무라고 척척박사 친구가 알려준다. 냄새가 고약하여 구릿대나무라고도 한단다. 나는 꽃과 잎의 냄새를 맡아본다. 예전에 먹었던 원기소

냄새가 난다. 냄새란 사람마다 느낌이 다르다. 나는 괜찮은 이 냄새를 옛사람들은 '구리다'라고 했구나. 내가 가시를 세우며 살 때 나를 만난 사람들은 나를 나쁜 사람이라고 했을 것이고 내가 평안한 마음으로 살 때 나를 만난 사람들은 나를 괜찮은 사람이라고 했을 것이다. 평가란 항상 다르다. 이 나무는 꽃보다 열매가 더욱 아름답단다. 나는 어느새 가을을 기대한다. 어린 시절 소풍에는 언제나 보물찾기가 있었다. 누리장나무는 내가 오늘 소풍길에서 찾은 보물이다.

요즘 맨발로 걷는 사람들이 눈에 뜨일 정도로 늘었다. 처음엔 이곳에 나 혼자였는데 이제 맨발 걷기가 많이 알려진 모양이다. 뜸사랑 공대 교수님의 설명은 일반적인 것과 조금 다르다. 땅의 기운과 자유 전자 에너지를 받기 위한 것이라면 땅에 발을 대고 의자에 앉아 있기만 해도 된다고 해야 한단다. 맨발로 걸어야 좋다는 것은 발에 있는 경혈을 자극하기 때문일 것이란다. 그 말에 고개가 끄덕여졌다. 나는 맨발 걷기가 억눌렸던 발이 자유를 느끼는 것 같아서 좋고 자연을 덜 훼손하는 것 같은 생각도 들어서 좋다.

내가 맨발로 걷고 있는데 등산복을 잘 차려입은 여인이 다가와 발이 괜찮으냐고 걱정한다. 여인은 나를 앞서 지나가면서 큰소리를 외쳤다.

"건강하세요! 행복하세요!"

처음 본 여인의 기도 같은 말에 감동해서 눈물이 핑 돌았다.

오늘도 나는 숲길을 맨발로 걷는다. '맨발의 청춘?' 나 혼자 생각하고 괜스레 웃는다.

네 마음, 내 마음

　한해가 얼마 남지 않은 12월 29일 아침. 텔레비전에 무안공항 사고 속보가 떴다. 무안공항. 왠지 익숙한 이름이었다. 지난여름, 딸과 사위가 제주에 휴가 갔다고 하면서 비행기 표를 보냈다. 남편은 바쁜 일이 있어서 나 혼자 제주행 비행기를 탔다. 제주공항 상공에 도착했는데 비행기가 오르락내리락 몇 번을 반복했지만 착륙하지 못했다. 창밖에는 번개가 번쩍였다. 방송이 나왔다. 기상이 안 좋아 지금은 착륙할 수가 없다고 했다. 더군다나 비행기 연료가 떨어져서 다른 곳으로 가서 기름을 넣어야 한단다. 비행기는 날아올라 붉은 흙이 펼쳐 있는 곳에 착륙했고 승객들은 기름을 넣는 20분 동안 기내에서만 있었다. 창밖으로 무안국제공항이라는 간판이 보였다. 그래서 나는 무안공항에 가 보았다. 참 작은 국제공항이구나 생각했다. 다시 비행기가 출발해서 제주공항에 무사히 착륙했을 때 내 옆자리에 있던 초등학생들이 환호성을 지르며 손뼉을 쳤다. 나도 같이 박수를 보냈다. 그렇게 무안공항은 땅을 밟지 않고 살짝 스쳐 가는 인연인 줄 알았다.

12월 31일 오전 10시 동창회 카톡방에 글이 올라왔다. 친구의 글이었다. 복 없는 여자 같아서 말을 안 하려고 했단다. 무안 제주항공 사고 난 곳에서 그녀의 딸이 희생되었다고 했다. 제주항공 다니는 마음 착한 막내딸인데 너무 슬프다고 하면서 어떻게 이런 일이 생겼는지…. 다 아니었으면 좋겠단다. 뉴스처럼 일 처리가 너무 느려서 답답하다고 하면서 위로의 답글이라도 해 달라고 했다.

모두 소스라치게 놀랐다. 무안공항 사고는 29일 아침에 방송을 탔고 연일 떠들썩했지만 벌써 3일째였고 먼 곳이라 사고를 당한 사람 중에 아는 사람이 없다고 생각했다. 그런데 우리 친구의 딸이 하늘나라로 갔다고 하니 가슴이 터지도록 아팠다. 내 친구는 무남독녀 외딸로 자랐다. 친구의 아버지는 북한에서 홀로 넘어와 자수성가한 분이었다. 그러니 아버지 쪽의 친척도 없다. 학교 다닐 때 나는 무남독녀인 친구가 부러웠다. 친구는 예쁘고 노래도 잘했다. 나는 동생이 다섯이나 되니 항상 바쁜데 친구는 공주처럼 지내는 것 같았다. 성인이 된 후에도 어른들은 내 친구를 늘 칭찬했다. 친구는 조신하고 사려가 깊고 자신의 어려움을 내색하지 않았다. 그런 친구가 위로가 필요하다는 글을 올리다니 정말 많이 힘든가 보다. 카톡방에 동창들의 위로 글이 넘쳤다. 나는 마침 성당 근처를 지나고 있었기에 얼른 성당을 찾아갔다. 친구와 그녀의 딸들을 위해서 촛불을 켰다. 그리고 친구에게 성모님 앞 촛불 사진을 카톡으로 보냈다. 잘 이겨내라고.

하루가 지나 새해가 되었다. 1월 1일, 딸과 사위가 새해 인사를 왔다. 텔레비전에서 여전히 무안공항 사고에 대한 방송이 나왔다. 같이 뉴스를 보면서 나는 친구 이야기를 했다. 아버지가 북한 사람이라 친척이 없고 내 친구는 무남독녀라서 형제자매가 없고 또 그녀 혼자서 딸들을 키우고 있는데 이런 사고를 당해서 어찌 하냐고 했다. 딸이 말했다.

"엄마가 가야지요. 가서 위로해 주세요. 아무 말 안 하셔도 돼요. 그냥 안아만 주세요."

나는 정신이 번쩍 났다. 고등학교 상담교사인 딸은 가끔 이렇게 어른처럼 지혜의 말을 한다. 딸 내외가 자리를 뜨자 나는 바로 청주에 사는 동창 친구에게 전화를 걸었다. 친구는 직장 일로 내일 오후에 가자고 했는데 기침을 심하게 했다. 이 친구는 무리겠구나 싶어서 안산에 사는 동창 친구에게 다시 문자를 보냈다. 친구에게 답장이 왔다. 자신도 가려고 생각했는데 혼자서는 엄두를 못 내고 있었단다. 안산까지 오면 자신의 차를 타고 같이 가자고 했다. 깜깜한 새벽에 집을 나섰다. 조금 있으면 안산역 도착 예정이라고 핸드폰에 뜨기에 무안공항에 있을 친구에게 9시에 문자를 보냈다. 무안에 간다고. 득달같이 친구에게서 문자와 카톡 그리고 전화가 왔다. 당장 돌아가란다. 무안까지는 너무나 먼 거리인데 어떻게 오느냐고. 지금 전철에서 내려서 바로 갈아타고 되돌아가라고 난리였다. 친구의 성격상 그러려니 싶으면서도 되돌아가야 하나 생각이 들었다. 안산의 친구에게 문자를 넣었더니 안산까지는 그냥 오란다. 안산에 거의 다 왔는데 차 한 잔은 해야지 싶었다. 한편으로 생각하니 오지 말라는 것은 친구 마음이고 가고 싶은 것은 내 마음이니 "네 마음이냐? 내 마음이지."하는 어릴 때 우리끼리 주고받던 말이 생각났다. 나는 가끔 손자들에게도 이 말을 썼다. 손자들이 무엇인가를 싫다고 하면 "네 마음이냐? 내 마음이지." 말하곤 했다. 작은 손자가 재미있다고 생각했는지 수시로 자주 이 말을 써서 유치원 선생님께도 쓸까 봐 주변에서 걱정했다.

  안산 친구가 말했다. 그 친구는 성향 상 우리를 오라고 할 사람이 아니라고 했다. 우리는 그냥 출발했다. 무안은 멀고멀었다. 안산에서 자동차로 3시간이 넘게 걸렸다. 모든 것이 둔해서 형광등이라는 별명을 갖고 있던 나는 정말 이렇게 먼 거리인 줄 꿈에도 몰랐다. 붉은 흙이 펼쳐져 있는 길을 달렸다. 붉은빛이 슬퍼 보였다. 무안공항에 도착해서 친구에게 전화를 걸었다. 친구가 놀라며 정말로 왔느냐고 물었다. 무안공항 안에는 수많은 텐트가 있었다. 유가족에게 하나씩 배당된 듯하다. 각양각색 형형색색의 빛깔이 모여 있는 것이 이렇게 슬픈 색이 된다는 것을 나는 처음 알았다. 친구가 우리를 맞아 주었다. 우리는 눈물을 머금고 친구를 안아 주고 친구의 이야기를 들었다. 친구의 두 딸이 우리를 여러 가지로 챙겨 주려고 애썼다. 쌍화차도 갖다 주고 햄버거도 가지고 왔다. 여러 단체에서 많은 기부를 해 주고 자원봉사자들도 많이 나와서 음식은 갖고 오기만 하면 되니 우리에게 부담 안 가져도 된다고 했다. 그래도 우리는 딸을 잃은 친구 앞에서 차마 입을 벌려 밥을 먹을 수가 없었다. 딸들이 햄버거를 내 손에 쥐어 주었다. 딸의 유품을 확인하라는 연락이 왔고 친구가 일어섰다. 시간이 걸리겠다고 하기에 우리도 일어섰다.

  돌아오는 길에 다른 동창 친구들에게서 전화가 왔다. 그 먼 곳까지 친구들을 대신해 가 줘서 고맙다고 했다. 깊은 밤에 나는 집에 잘 도착했다는 문자를 친구에게 보냈다. 그녀에게서도 문자가 왔다. 딸의 시신이 수습되어 서울로 가는 중이라고 했다. 와 줘서 고맙다고 했다. 눈물이 났다. 학교 다닐 때 착하고 노래 잘하던 예쁜 내 친구. 다시 그 예쁜 모습을 찾기를 기도했다. 하늘나라로 간 그녀의 딸을 위해 그리고 그녀와 남아 있는 두 딸을 위해 두 손 모아 기도했다. 황토의 붉은 빛, 텐트의 형형색색의 빛깔이 내 기억 속에서 슬픈 빛을 벗어나는 것은 언제쯤일지 모르겠다.

제5부

복도 많아

파란 하늘이 눈부셨다. 여기저기 있는 하얀 구름이 꽃처럼 피어 있었다.

"202번"

마이크를 잡고 사회자가 큰소리로 외쳤다.

"오늘의 마지막 행운권 번호 202번"

고요한 침묵이 흘렀다. 모든 것이 조용했다. 나는 무심하게 내 행운권 번호를 쳐다보았다. 세상에 이럴 수가. 마지막 행운권의 번호는 나였다. 나는 갑자기 용수철처럼 튀어 올랐다. 그리고 소리치며 달려 나갔다. 동창 친구들이 큰 소리를 질렀고 박수치며 환호했다. 수십 개의 행운권 중 이번에 우리 동기가 받은 것은 하나도 없었는데 마지막에 내가 당첨되었기 때문이었다. 상품은 자전거였다. 제일 마지막에 그것도 가장 큰 상품을 받는 것에 친구들은 같이 기뻐해 주었다. 강원도 시골 초등학교 총동문회는 이렇게 봄에 총동문 가족 체육대회를 한다. 회비를 내고 찬조금을 내고 환갑잔치도 하고 노래자랑도 하고 행운권 추첨을 한다. 내가 자전거를 받아 끌고 자리로 돌아오자 친구들이 말했다.

"복도 많아"

나는 환하게 웃으며 고개를 끄덕였다.

"여기서부터 집까지 자전거 타고 가렴."

한 친구의 말에 모두 까르르 웃었다. 굽이굽이 캬라멜 고개를 자전거로 넘어가기는 불가능하다. 다음 날 고향에 사는 친구들이 화물로 자전거를 부쳐 주었다. 우리 고향 마을은 작은 동네라 화물을 부칠 수도 없다. 친구가 면사무소 있는 곳까지 트럭으로 싣고 가서 화물로 보내주었다. 애써 주는 고향 친구들이 한없이 고맙다.

의정부역에서 내려 집에 가는 길은 중랑천을 건너야 한다. 중랑천은 서울까지 연결되어 있고 자전거 길이 잘 조성되어 있다. 나는 징검다리를 건너 중랑천을 건널 때면 자전거 타는 사람들을 보면서 부러워했다. 나도 그들처럼 저렇게 자전거를 타고 싶었다. 내 돈으로 살 수도 있지만 쉽지 않다. 이 나이에 얼마를 타겠다고 내 자전거를 사겠는가. 그래서 해마다 고향 초등학교 행사에 올 때마다 행운권으로 자전거 하나를 받았으면 좋겠다고 생각을 한 적이 있었다. 그러나 정말 이루어질 줄은 몰랐다. '바람'이 있으면 마법의 바람이 불고 꿈은 이루어진다더니 정말 꿈은 꾸고 볼 일이다.

중랑천 자전거 길을 자전거를 타고 달린다. 바람을 느낀다. 꽃길을 스쳐 온 달콤한 바람. 억새밭을 달려온 풋풋한 바람의 향기. 걸을 때와 자전거를 탈 때는 바람이 다르다. 자전거는 씽씽 잘 나갔다. 양주시청까지 갔다가 되돌아왔다. 오는 길에는 앞에서 바람이 거세게 불어왔다. 역풍이었다. 아까 내가 힘들이지 않고 잘 갔던 것은 순풍이었기 때문이었다. 내 인생길에서 나에게 많은 격려를 해 주어 순풍처럼 힘을 보태 주었던 사람들을 생각했다. 내게 많은 복이 있음을 새삼 느낀다.

신문에서 읽은 내용이 생각났다. 자전거를 타다 보면 간혹 바퀴가 살짝 뒤틀려 미세하게 옆으로 가기도 하는데 핸들을 움직여가며 달릴 수 있어 무시하고 그대로 타는 경우가 있다. 내버려 두면 바퀴가 완전히 뒤틀려 자전거가 멈춘다고 했다. 이렇게 바퀴의 뒤틀림은 바퀏살 한두 개의 장력에 문제로 생기는데 그렇다고 그 바퀏살만 조종하면 바퀴 전체가 틀어진단다. 문제가 있는 한두 개의 바퀏살이 아닌 바퀴에 있는 모든 살의 장력을 골고루 맞춰 주어야 똑바로 굴러간다고 했다. 내가 이만큼 살아온 것은 주변의 모든 사람들이 나를 잘 이끌어 주었기 때문인 것을 새삼 느낀다.

역으로 부는 바람이 거셌다. 힘껏 자전거 페달을 밟는다. 지금 역풍이지만 이 또한 헤쳐 나와야만 집에 도달할 수 있다. 역풍이 와도 페달 돌리기를 멈추면 안 된다. 그러면 자전거는 쓰러진다. 아차 하는 순간 무언가에 걸려 넘어졌다. 지난 장마로 쓸려 왔던 모래가 바닥에 있었다. 미처 보지 못했다. 그래도 다치지 않아서 다행이다. 다시 페달을 밟는다. 이렇게 역풍 속에서 넘어지고 쓰러져도 다시 일어나 달리는 것이 자전거 타는 묘미이기도 하다. 인생길처럼….

 자전거 길에서는 이정표를 다리로 표시한다. 능곡교까지, 다음 다리까지 500미터 이런 식이다. 다리란 어떤 의미일까를 생각해 보는 시간이 되기도 한다. 다리란 이쪽과 저쪽을 연결해 주는 것. 다리를 보면서 고향을 생각한다. 고향 친구들을 생각한다. 이 자전거를 받을 때 함께 기뻐해 주었던 친구들. 이 자전거를 보내주느라 애썼던 친구들…. 나와 연결되어 있는 많은 사람들….

 비가 와도 나는 자전거를 끌고 나갔다. 사람들이 보면 이상한 사람으로 보일 것이다. 자전거 헬멧과 무릎 보호대를 하고서도 자전거를 끌고 나갈 때는 꼭 원색의 옷을 입고 나갔다. 빨간색, 노란색, 파란색. 스스로 보호해야 한다는 원초적인 본능이 내게 있나 보다. 자전거가 서툰 내가 다른 사람들 눈에라도 띄어야지 자전거를 잘 타는 사람들이 나를 피해서 갈 것이고 서로 보호가 될 것 같다.

 내가 입는 원색의 옷들은 시어머니가 떠 주신 옷이다. 80대 후반이신 어머니는 뜨개가 유일한 취미이다. 치매 예방에 좋다고 늘 뜨신다. 어두운색은 코가 잘 보이지 않는다고 늘 환한 색의 실을 선택한다. 어머니는 가족들에게 뜨개 옷을 다 주었지만 다른 사람들은 잘 입질 않는다. 나는 자랑삼아 열심히 입고 다닌다.

 이웃 아파트에는 금요일마다 장이 선다. 나는 매주 그곳에서 치즈 돈가스를 사다가 시어머니와 점심을 먹는다. 벌써 몇 년 동안 해 온 일이다. 어머니는 선짓국을 좋아하시니 선짓국도 산다. 도토리 묵밥도 사고 순대도 사고 만두도 사면 무게가 이만저만이 아니다. 너무 무거워서 허리가 휜다. 아파트 입구 자전거 두는 곳에 방치되어 있는 어린이 자전거가 눈에 들어왔다. 유치원 여자아이가 타던 거였는지 분홍색이다. 그 자전거는 오랫동안 한쪽 벽에 쓰러지다시피 기울어져 있었는데 몇 달이 지나도 누구도 손대지 않았다. 그 자전거를 살펴보았더니 고장 난 거였다. 아마도 이사하며 버리고 간듯했다. 나는 그 분홍색 자전거를 끌고 아파트 장에 갔다. 고장이 난 거라 제대로 세울 수도 없고 키도 안 맞아 탈 수는 없어도 살살 끌고 가면 된다. 자전거 손잡이에 선짓국과 치즈 돈가스, 묵밥과 순대, 그리고 만두를 매달고 살살 끌고 왔다. 훨씬 수월했다. 손녀 것을 끌고 왔냐고 사람들이 묻곤 했다.

  행운권 자전거가 생긴 후 나는 내 자전거를 끌고 장터에 갔다.

  "자가용이 바뀌었네요. 형편이 좋아지셨나 봐요."

  묵밥집 아주머니 말에 나는 웃음을 터트렸고 같이 한참을 웃었다. 장터가 웃음소리로 하나 가득이었다. 웃음 끝에 그녀는 내가 입은 노란색 조끼가 이쁘다고 했다. 시어머니가 떠 주신 거라고 했더니 한마디 덧붙인다.

  "복도 많아요."

빗물 방에서

한두 방울 떨어지는가 싶더니 갑자기 큰 줄기가 되어 쏟아졌다. 비가 온다 했던가? 그런 예보는 없었다. 소나기였다. 갑자기 내리는 거친 비. 다행히 초여름 더운 날씨를 대비해 가벼운 양산을 가방에 넣은 것이 생각나서 꺼내 들었다. 조선 왕릉 정릉을 둘러보던 길이었다. 정릉은 가까이에 있었다. 가까이 있어도 벼르다가 나선 길이었다. 다른 조선 왕릉에 비해 왕릉의 장식이 거의 없었다. 빗줄기가 점점 거세졌다. 작은 양산으로는 다니는 게 무리겠다 싶었다. 비를 피하고 싶었다. 한옥이 보였다. 정릉의 재실인데 행랑채에 신덕왕후 도서관을 두고 있었다. 버들잎 방과 빗물 방, 두 개의 방이 있다. 사람들은 아무도 없었다. 나 혼자 두리번거리며 서 있다가 빗물 방으로 갔다. 비가 오기 때문일 것이다. 빗물 방에 책상도 있고 책들도 있다. 내 눈에 뜨인 것은 동화책《소나기 전설》이었다. 밖에 소나기는 내리고 빗물 방에서 나는 그 책 속으로 깊이 빠져 들어갔다.

  하루 종일 언 쌀을 바랑에 짊어진 스님이 땀을 식히려 나무 그늘에 앉았다. 마침 그곳에 농부가 소를 몰면서 땅을 갈고 있었다. 농부는 소를 몰면서 가물어서 큰일이라고 걱정을 했다. 잠시 후에 농부도 땀을 식히려 나무 그늘로 왔다. 모심기를 해야 하는데 비가 안 와서 걱정이라고 했다. 스님이 자신의 옷을 여기저기 만져 보더니 해지기 전에 비가 곧 올 것 같다고 했다. 농부는 하늘을 한 번 쳐다보더니 당치 않는 소리라고 했다. 이렇게 하늘이 맑은데 무슨 비가 오겠냐고 했다. 만약 스님 말이 맞아서 비가 온다면 이 소를 주겠다고 했다. 스님은 허허 웃다가 그럼 해지기 전에 비가 오지 않는다면 자신은 바랑에 들어 있는 쌀을 다 주겠다고 했다. 그런데 잠시 후에 정말 검은 구름이 순식간에 밀려오더니 천둥 번개가 치고 갑자기 비가 오기 시작했다. 비가 쏟아지니 농부는 기뻐했다. 놀란 농부는 스님에게 어찌 비가 올 것을 알았느냐고 물었다. 자주 빨지 못한 옷이 땀에 절어 저절로 말려지면 소금기로 바삭바삭했는데 조금 전에 만져 보니 습한 기운이 스며들어 옷이 눅눅해져서 비가 올 것을 알았다고 스님은 대답했다. 갑자기 농부는 정신이 들었고 걱정이 태산이었다. 스님에게 소를 주겠다고 한 약속이 생각났기 때문이었다. 그러나 스님에게 한 약속을 어찌 안 지킬 수가 있겠는가. 부처님께 한 약속과 같다고 생각했기 때문이리라. 스님에게 소를 건네주니 스님이 말했다. 소는 농사짓는 사람에게는 정말 필요한 것이지만 중에게는 필요한 것이 아니라고. 그래서 받지 않겠노라고. 이렇게 소를 걸고 내기를 했기에 그 이후에 갑자기 내리는 비를 '소내기'라고 불렀었는데 나중에 소나기가 되었다는 이야기였다.

아! 그런 전설이 있었구나. 언젠가 한 번 들었던 적도 있는 것 같은데 벌써 까마득히 잊고 있었다. 아이들 책에서도 배울 것이 많구나! 나중에 손자들에게 이 이야기를 해 주어야지. 마음이 뿌듯했다. 동화책에 빠져 정신없이 있는데 도서관을 지키시는 분이 빗물 방에 들어오셨다. 나를 반가워하시며 여러 가지 이야기를 들려주셨다.

이곳 정릉은 신덕왕후의 능이다. 신덕왕후는 태조 이성계를 물심양면으로 도와 왕이 될 수 있게 한 여인이었다. 태조 이성계의 두 번째 부인이지만 정부인 한씨가 조선 건국 이전에 사망하여 조선의 첫 번째 왕비가 되었다. 이성계가 강씨와 만난 일화는 유명하다. 사냥을 하던 이성계가 목이 말라 우물을 찾았는데 한 여인이 우물가에 있었다. 갈증으로 급히 달려와 냉수를 급하게 마시면 탈이 날 것 같아 버들잎을 물에 넣어 주었다는 일화, 이성계는 그녀의 지혜와 미모에 탄복하여 부인으로 삼았다. 그녀는 권문세가의 상속녀였으므로 변방의 장수였던 이성계를 중앙 무대로 진출하게 하는 중요한 역할을 했다. 그녀는 자신의 아들을 세자로 만들어 이방원을 분노하게 했다. 그녀는 일찍 세상을 떠났다. 그녀를 아끼던 태조 이성계는 그녀의 능을 경복궁에서 가까운 곳 정동에 두었고 수호사찰 흥천사를 세웠다. 태조는 흥천사 종소리를 듣고 그녀의 명복을 빈 다음에 수라를 들었다고 한다.

후에 이방원은 왕자의 난을 일으켜 이복동생들을 죽였다. 그의 분노는 서자를 엄격하게 구분하고 서얼 금고령과 적서차별을 만든 원인이 되었다. 그리고 태조 사후에 그녀를 후궁으로 강등시키고 도성 안에 있던 정릉을 이전시켰다. 묘의 봉분을 완전히 깎아 묘의 흔적을 남기지 않도록 명령했다. 정자각을 헐었고 무인석 문인석은 땅에 묻었고 여러 가지 석물은 홍수로 무너진 광통교 보수에 썼다. 온 백성이 이를 밟고 지나가도록….

청계천 산책하던 때가 생각났다. 광통교의 받침으로 쓰인 석물은 아름다운 조각이 새겨진 것이 많다. 청계천 복원 시에 석물을 똑바로 세우니 맞지 않아 거꾸로 세우니 광통교가 복원되었다는 이야기도 있다. 이방원의 그녀에 대한 미움은 그렇게 컸다. 그녀의 정동 묘가 훼절될 때도 많은 비가 내렸다고 한다. 그녀의 묘는 세상에서 잊혔다가 172년 만인 선조 때에 비로소 세상에 알려졌고 현종 때에 복위되어 왕릉으로서의 상설을 갖추게 되었다. 복권되기까지 260년이 걸렸다. 능을 봉하고 제사를 지내던 날 정릉 골짜기가 소나기로 가득 찼다고 한다. 오래 참은 눈물이 터진 것 같은 폭우였다. 백성들은 이 비를 '세원지우洗寃之雨' 원통함을 씻어 주는 비라고 했다. 《현종실록》에 써 있는 내용이라고 한다.

내가 정릉을 갔던 날, 왜 그곳에 비가 왔을까. 빗물 방에서 그녀가 자신의 이야기를 나한테 들려주고 싶었기 때문이 아닐까.

얼린 옥수수

 강원도에서 택배가 왔다. 고향 친구의 아내가 내게 보낸 것이었다. 얼린 옥수수와 사과였다. 요양병원에 계신 어머께 면회 갈 때 가져다드리란다. 집을 떠나 요양병원에서 처음 보내는 겨울, 얼마나 고향 음식이 먹고 싶으시겠냐고 보낸 거였다. 택배 상자를 풀어 얼린 옥수수를 꺼내며 나는 목이 메었다. 결국 훌쩍훌쩍 울고 말았다. 어머니가 강원도 집에 혼자 계실 때도 친구 아내는 겨울이면 이렇게 얼린 옥수수를 가지고 왔다. 옥수수를 찜기에 쪄서 드리면 어머니는 참 좋아했다.
 고향에서 친구는 사과 농장을 하고 있는데 그곳에는 외국인 노동자들도 몇 분 있다. 그분들께 겨울에는 간식으로 옥수수를 주기에 얼려 놓은 것이 있다고 했다. 그러나 그 바쁜 와중에 우리 어머니까지 챙겨주는 그 아내가 고마워서 나는 늘 마음 찡했다. 더군다나 친구 집에서 우리 집까지는 바로 이웃이 아니다. 4킬로미터 정도 떨어져 있는 거리다. 친구에게 그렇게 착한 여인을 아내로 맞은 너는 정말 행운아라고, 장가를 잘 갔다고, 했더니 친구는 자기 아내가 자기한테 시집와서 로또를 맞은 거라고 말해서 한참을 웃은 적도 있다.

몇 년 전에 고향에 사는 남자 동창의 자녀가 수원에서 결혼식이 있다고 했다. 그때는 어머니가 강원도에 혼자 계실 때였고 주말마다 내가 강원도에 가던 시절이었다. 전세버스에 자리가 있는지를 친구에게 물었다. 자리가 없으면 수원에서 강원도 가기가 어렵기 때문이었다. 친구가 자리 여분이 있으니 꼭 오라고 했다. 결혼식이 끝나고 고향 가는 전세버스에 올랐다. 버스 안에는 내가 아는 사람도 있었지만 모르는 사람이 더 많았다. 모두 나를 반가이 맞아 주었다. 그동안 말로만 들었던, 내 고향으로 시집온 여인들을 많이 만났다. 그들은 가정을 잘 일구고 마을 살림도 잘 이끌었다. 고향 초등학교에 총동문회 체육대회가 있는 날이면 마을 부녀회가 모든 음식을 총괄해서 만들고 손님들을 대접했다. 마을의 큰 잔치였다. 그때는 그분들이 너무 바빠서 제대로 인사를 나누지 못했다.

그날 전세버스 안에서도 잔치가 열렸다. 아침에 올 때부터 버스 안에는 음식이 가득했었고 돌아가는 길에도 음식이 많았다. 내 고향 친구의 잔치 또한 마을 부녀회의 도움이 컸다. 우리는 버스 안에서 즐겁게 노래하면서 고향으로 향했다. 내 고향으로 시집온 여인들은 노래도 잘했다. 그분들이 내게도 노래를 시켰다. 나도 빠지지 않고 열심히 불렀다. 못

하는 노래지만 그분들의 노고에 답하고 싶었기 때문이었다. 혼주인 동창 친구는 내가 그렇게 큰 소리로 노래할 줄은 몰랐다면서 분위기를 맞춰주어 참 고맙다고 했다. 이 자리에 나를 끼워 주어서 내가 고맙다고 했다.

내 친구의 사촌 오빠에게 시집온 언니는 토마토 농사를 짓는다. 오빠가 다쳐서 몸이 불편한 상태라 농사를 거의 언니가 짓고 있다. 군청에서 베트남에서 온 사람들을 일정에 맞추어 언니네 농장으로 데려다주기에 그럭저럭 지을 수 있다고 한다. 그 언니도 자주 어머니께 토마토를 가져다주었다. 입맛이 없을 때 갈아서 드시면 좋다고 몇 번씩 가져다주었다. 나는 이렇게 고향을 떠나 있어서 어머니를 잘 돌볼 수도 없는데 따지고 보면 고향으로 시집온 여인들이 내 어머니를 돌보고 있구나. 나는 생각했다.

작년 겨울이었다. 버스를 타고 어머니께 가는데 눈이 내리기 시작했다. 고향 마을에 버스가 들어섰다. 멀리서 보니 우리 집 마당에 눈이 하얗게 쌓여 있었다. 어머니는 부지런해서 눈을 이렇게 쌓아 놓으실 분이 아니다. 눈이 내리는 동안에도 쓸고 또 쓸고… 몇 번을 쓰는 분이다. 내가 눈이 쌓이면 좀 어떠냐고 눈이 그친 다음에 쓸면 한 번만 해도 된다고 아무리 말려도 굳이 굳이 눈을 쓰는 분이다. 그런데 눈이 쌓여 있다니. "많이 아프시구나. 누워 계시는구나." 나는 가슴이 철렁 내려앉았다. 버스에서 내리자마자 집으로 달려갔다. 하얀 눈 위에 선명하게 나 있는 차바퀴 자국. 나는 갑자기 눈물이 핑 돌았다. 그녀가 왔다 갔구나.

그것도 방금. 혼자 사는 노인들을 돌보는 독거 관리사 선생님이었다. 그녀 또한 내 고향으로 시집온 여인이다. 건넛마을에 사는데 일주일에 한 번 혼자 사는 노인들 집에 가서 돌봐 주는 일을 한다. 그러나 그녀의 발걸음은 일주일에 한 번으로 그치지 않았다. 그녀는 주일이면 교회에 가는 길 중간에 있는 우리 어머니를 한 번 더 들여다보곤 했다. 하얀 눈 위에 나 있는 차바퀴 자국을 보며 나는 눈물을 훔쳤다.

  요양병원의 어머니 면회를 신청한 날이다. 친구의 아내가 보내준 얼린 옥수수를 찐다. 얼음 속에 갇혀져 있던 구수한 고향의 냄새가 난다. 혼자 있던 어머니의 허기와 외로움을 달래주던 그녀들의 사랑의 향기. 어머니가 고향에 안 계신 지금은 고향에 갈 일이 없다. 그런데도 그들이 잊지 않고 내 어머니를 챙겨 주니 가슴 먹먹하다. 그들이 지키고 있는 내 고향, 그립다.

천지 영접

　여동생이 백두산을 가자고 했다. 큰언니가 70이 되기 전에, 다리에 힘 빠지기 전에 백두산을 가야 한단다. 교장인 동생은 여름 방학 때 단 며칠밖에 시간이 없다고 했다. 백두산을 간다고 생각하니 마음이 흥분되어 잠이 오지 않았다. 일정이 잡히고 사람들에게 자랑했더니 3대가 덕을 쌓아야 천지를 볼 수 있다고 한결같이 말했다. 나는 마음이 넓은 편도 아니고 착하게 살지도 않아서 덕을 쌓지 못했는데 큰일이었다. 절망하는 내 마음을 이야기했더니 동생이 비록 천지는 못 보더라도 백두산을 밟아 본 것만으로 만족해야 한다고 했다. 지금까지 살아오면서 "동해물과 백두산이 마르고 닳도록" 얼마나 많이 애국가를 불렀던가. 그 백두산을 가 보는 것만으로도 영광이지 싶었다.
　여행 일정표를 보니 하루는 서파로 그다음 날은 북파로 백두산 가는 계획이었다. 가이드에게 파가 무슨 뜻이냐고 물으니, 비탈이나 고개를 뜻하는 파坡라고 대답했다. 요즘에는 중국인들도 백두산을 많이 와서 등반 인원수를 조정해야 하기 때문에 버스를 몇 번 갈아타고 백두산을 가야 했다. 창밖으로 보이는 백두산의 광활한 벌판이 몽골 초원을 연상시켰다. 우리가 불렀던 〈선구자〉 노래에서 "말 달리던 선구자"라는 가사는 이런 벌판이 있으니 가능한 것이었다. 들판에 피어 우리에게 손을 흔드는 아름다운 야생화 물결을 보니 감동이 밀려왔다. 가슴 먹먹했다. 특히 벌판을 가득 채우고 바람에 산들산들 흔들리는 하얀 꼬리처럼 보이는 야생화는 바람에 일렁일 때마다 숨을 멈출 만큼 아름다웠다. '흰범꼬리'라고 읽은 것도 같고 '호범꼬리'라고 읽은 것도 같다. 백두산 호랑이 꼬리 같다고 옛사람들은 생각한 것인가. 백두산 호랑이 꼬리에 나는 넋이 나갔다.

중국은 백두산을 장백산이라 불렀고 서파 입구는 이도백하라 불렀다. 이도백하라는 이름이 이뻐서 나는 오얏꽃, 배꽃, 복숭아꽃 이런 뜻인가 했는데 '二道白河 두길하얀강'이란 뜻이었다. 백두산으로 출발하며 나는 기도를 드렸다. '하나님 저는 덕을 쌓지는 못했습니다. 그런데 뜸사랑 봉사실을 십 년 넘게 다녔습니다. 그걸로 봐주시면 안 되겠습니까?' 그야말로 유치한 기도겠지만 독실한 교인 친구의 말인즉 하나님은 어린아이처럼 순수한 기도를 좋아하신다니 이렇게라도 기도를 드릴 수밖에 없었다. 내가 할 수 있는 일은 없었으니까.

버스를 내려서 보니 앞에 1,442개 계단이 놓여 있었다. 까마득한 길.

이 길을 오르면 천지가 있는데 천지를 볼 수 있는지 없는지는 이곳에서도 알 수가 없단다. 여기에서는 하늘이 맑게 보여도 막상 그곳에 도착하면 구름과 안개가 호수를 덮고 있을 때가 많기 때문이다. 나는 계단을 뛰어갔다. 여동생은 여기저기 사진을 찍느라고 바쁘다. 나는 사진보다 천지를 실제로 보는 것이 급선무라고 생각했다. 왜냐하면 산기슭에서 안개가 피어오르기 시작하는 것을 보았기 때문이다. 나는 달리고 또 달렸다. 우연히 백두산 오르는 길이 1,442개의 계단인 것을 신문에서 읽고 나는 그동안 아파트 계단을 연습 삼아 오르내렸다. 그래봤자 한 달 동안이었지만 강아지 산책을 하고 오면 엘리베이터를 타지 않고 20층 계단을 올라갔다. 영문을 모르는 강아지가 헉헉거려도 할 수 없었다. 그 영향인지 1,442개의 계단은 수월했다. 나는 일행들보다 빠르게 계단을 올라갔다.

드디어 천지가 눈에 보였다. 산 위에 펼쳐진 광활하고 웅장한 천지. 태고의 빛을 품고 있는 신비한 그 푸르른 빛을 보노라니 눈물이 흘렀다. 나는 감동으로 목이 메었다. 백두산 천지는 늘 우리 마음속에 자리 잡고 있어서 이런 감동이 있나 보다. 외국인이라면 이렇게 눈물 나지는 않으리라. 나는 눈물을 흘리며 혼자 말했다.

"살아 있기를 잘했어!"

건강하게 걸을 수 있어서 느낄 수 있는 행복, 또 동생이 있어서 이루어진 백두산에 온 행복. 그것만으로도 감동이었다. 《열하일기》에서 박지원은 요동 벌판을 보고 목 놓아 울기 좋은 곳이라 했는데 나는 천지를 보고 그렇게 생각했다. 눈물이 줄줄 흘렀다. 내가 혼자서 울먹이며 사진을 찍고 있는데 한국말이 들렸다. "사진 찍어드릴까요?" 사진을 찍어 준 후 그가 말했다. "진짜 사진 잘 나오는 곳은 저쪽에 있는데 줄 서서 돈 내고 찍어요." 그 말에 고개 돌려 보니 긴 줄이 보였다. 나는 얼른 그 줄에 달려가서 섰다. 그리고 동생을 불렀다. 한참 후에 동생이 달려왔다.

天池. 큰 붉은색 한자로 쓰인 커다란 비석 앞에서 사진 한 장당 우리 돈 6천 원씩을 받고 중국 사진사가 사진을 찍어 주고 있었다. 우리 땅 북한에서 사진을 찍는다면 북한 사람들이 돈을 받을 텐데 하는 아쉬운 생각이 들었다. 세계의 많은 관광객들이 중국을 통해서 오니 백두산보다 장백산으로 알려질 걸 생각하니 가슴 아프다. 가이드 말로는 중국 교과서에 "윤동주 시인이 중국 조선족자치주 사람으로 항일 정신의 시를 지었다."라고 나온단다. 윤동주 시인은 조선족자치주가 생기기 전의 조선 사람으로 만주에 머물렀던 것인데 그렇게 중국 사람으로 만들어 가고 있단다. 안타깝고 슬프다.

사진 찍는 줄이 앞으로 당겨졌다. 동생이 말했다.

"천지님을 영접하는데 꽃단장해야지요?"

영접迎接이란 말을 참 오랜만에 들었다. 손님을 만나 대접하는 것이 영접인데 천지와 찍는 사진에 꽃단장도 좋겠다 싶다. 동생은 분을 꺼내 내게 바르라고 했다. 립스틱도 꺼내 입술연지도 발랐다. 천지를 이렇게 만나 보고 사진을 찍을 수 있으니 감개무량했다. '하나님 감사합니다.' 감사기도가 절로 나왔다. 이렇게 천지를 보는 것은 내 작은 봉사로 될 일은 아니다. 같이 온 일행들의 덕이 모이고 모여서 된 것이란 생각이 들었다. 동생만 해도 문화해설사 자원봉사를 수십 년 해 오고 있다. 우리보다 30분 늦게 올라온 사람들은 맑은 천지가 아니라 안개가 가려 버린 천지를 바라보며 아쉬워했다. 내가 아래에서 보았던 그 안개가 그 시간에는 정상까지 온 것이다. 그날 내려오면서 가이드가 말했다. 방금 소식이 왔는데 태풍 카눈이 와서 중국 정부에서 백두산을 막았단다. 그래서 다음날 북파로 오르는 일정은 취소되었다. 두 번 천지를 보려고 했는데 한 번으로 만족해야 했다. 저녁에 식당에서 다른 여행객들을 만났는데 그들은 서울에서 오늘 도착한 팀이다. 그들의 내일과 모레 백두산 일정이 모두 취소되었다고 했다. 천지를 못 보고 돌아가야 한다고 아쉬워했다. 천지를 보기가 얼마나 힘든 일인지를 다시 한 번 느낀 시간이었다.

　천지를 보았다고 사람들에게 자랑하느라 한동안 바빴다. 모두 같이 기뻐해 주었다. 덕을 쌓으며 잘 살아왔나 보다고 덕담도 해 주고 복 받았다는 말도 해 주었다. 어느 날 버스를 타고 조그만 시골 마을을 가는데 우연히 산으로 둘러싸인 하늘이 있었다. 내 눈에 그것이 백두산 천지처럼 보였다. 요즘 내가 천지 생각을 너무 많이 하면서 살고 있나 보다. 다시 한 번 천지를 볼 수 있기를, 중국이 아닌 우리의 북녘 땅으로 갈 수 있기를. 그곳에서도 다시 한 번 목 놓아 울어 보기를 기도했다. 아! 그러면 앞으로 덕을 쌓아야겠구나. 걱정이 앞선다.

현수막

    차가운 바람이 불고 메마른 길 위로 남아 있던 퇴색된 누런 나뭇잎 몇 개가 떨어졌다. 풍경이 차가워 보여서인지 내 마음도 쓸쓸해졌다. 그러다 문득 펄럭이는 무언가가 있어 눈길이 그리로 갔다. 그리고 입가에 미소를 지었다. 현수막이었다. 버스를 타고 시골 길을 가다보면 군데군데 걸어 놓은 현수막이 눈에 보인다. 현수막의 내용은 다양하다. 명절 때 고향 방문을 환영한다는 것도 있고 학교 동문 체육대회 축하도 있다. 또 누가 어느 대학에 합격했다는 것도 있고 고시나 행시 등의 시험에 붙었다는 내용도 있다. 이 동네 누구 아들이 무슨 일을 했고 이 동네의 자랑이라는 내용이 써 있을 때도 있다. 나는 그것을 볼 때마다 환하게 웃는다. 그 속에 있는 따뜻한 마음, 고향의 달콤한 맛, 훈훈한 분위기가 느껴진다. 도시에도 현수막이 많이 걸려 있지만 대부분은 정치인들의 선전 문구이거나 관공서의 행사 일정표가 주된 내용이어서 아무런 감정이 생기지 않는다.

오래전의 일이 생각났다. 지인과 대화 중에 그녀가 말했다. 그녀의 남편은 시골 출신인데 서울대학교 법대에 들어갔다. 시골 동네에 현수막이 오랫동안 걸려 있었다. 나는 그녀의 자랑에 동의했다. 당연한 일이라고 생각했다. 나는 동생이 다섯 명이다. 첫째와 둘째 동생은 자신의 일들을 하고 있고 셋째 동생이 공무원, 넷째 동생이 교사, 다섯째 동생이 공무원으로 지내고 있었다. 내가 이렇게 시골의 현수막에 마음이 따뜻해진다고 느꼈기 때문에 나도 동생들이 잘 되면 꼭 고향에 현수막을 걸어 주리라 마음먹었다.

모임에서 우연히 산골 여행을 가게 되었다. 시골길에 여러 현수막이 걸려 있었다. 그런데 현수막을 본 한 언니는 저런 현수막을 볼 때마다 너무 유치하고 촌스럽다고 느낀단다. 저런 것이 자랑할 것이 되느냐고 했다. 나는 깜짝 놀랐다. 세상에는 이렇게 나와 생각이 다른 사람이 있구나. 나는 위축되었다.

얼마 후에 셋째 동생이 사무관 시험에 합격했다는 연락을 받았다. 정말 온 가족이 다 기뻐했다. 남동생은 우리 집안의 자랑이었다. 차남이었지만 한동안 큰아들 노릇을 하며 어머니를 모셨다. 나는 현수막이 유치하다는 이야기를 들은 탓인지 현수막을 걸 엄두를 내지 못했다. 그렇게 어영부영 흘려버리고 만 것이다. 그러나 시간이 흐를수록 그때 현수막을 걸지 못한 것을 나는 땅을 치고 후회했다. 다음에 동생들이 성공

하면 나는 꼭 현수막을 걸리라 마음먹었다.

시간이 흘러 넷째 여동생이 교장이 되었다고 연락이 왔다. 집안의 경사였다. 나는 고향 중학교 동창회장을 맡고 있는 친구에게 전화를 했다. 여동생이 교장이 되었으니 현수막을 걸어 달라고 부탁을 했다. 학교 자랑이라고 동창 친구도 흔쾌히 허락을 했다. 그렇게 여동생이 교장된 현수막이 고향에 걸렸다. 고향 면사무소와 중학교 가는 길에 걸려 있는 현수막을 보고 가슴 뿌듯했다. 그때는 어머니가 고향에 계셔서 나는 자주 고향에 갔다. 나는 그 현수막을 보기 위해 일부러 어머니를 모시고 택시를 타고 면소재지에 갔다. 어머니는 글을 읽을 줄 모르신다. 어머니는 못 배운 한이 많다고 딸들까지 꼭 대학에 보내려고 애쓰셨다. 어머니께 현수막 글씨를 읽어 드렸다. 어머니가 환하게 웃으셨고 크게 기뻐하셨다.

우리 고향 마을에서 최고로 높은 기관장은 교장 선생님이다. 나는 교장 여동생이 어머니께 큰 효도를 했다고 생각했다. 집안에 교사 친척이 있는 것도 아니고 오로지 혼자 교사가 되어서 교장이 되었다는 것이 대견했다. 친척 누구라도 교사이거나 하다못해 부부 교사라도 되면 그런대로 인맥이 넓게 형성되니 외롭지 않고 정보도 많은 편이다. 동생은 그 외로운 가운데 된 것이라 나는 박수를 받을 만하다고 생각했다.

동생이 결혼해서 배부른 몸으로 다른 학교로 전근을 간 적이 있었다. 동생이 학교에 도착하자 동생의 모습을 본 교장은 그 학교에 임신한 교사는 필요치 않다고 했다. 동생은 눈물을 흘리며 다른 학교로 다시 이

동을 해야만 했다. 지금 이런 이야기를 하면 어떻게 그런 일이 있을 수 있느냐고 하지만 분명 그런 시절이 있었다. 그 모든 것을 알고 있기에 나는 역경을 이겨낸 동생이 더 자랑스러웠다. 동생은 강원도에서 교사를 시작했지만 나중에 경기도로 넘어와 교사를 계속했다. 동생말로는 경기도에 인구가 많아지는 바람에 교사의 수요가 많아서 이곳저곳에서 많은 사람이 와서 어떤 파벌이나 인맥이 크게 작용하지 않는 곳이라 가능했다고 한다.

시간은 흘러 병이 깊어진 어머니는 고향을 떠나 요양병원에 가셨다. 이제 고향에는 아무도 없다. 다섯째 막냇동생이 사무관 시험에 합격했다고 연락이 왔다. 나와 띠동갑도 넘게 차이가 나는 동생이다. 막내들에게 효자 효녀가 많다는 이야기가 있다. 일찍부터 늙으신 부모님을 보면서 자라 측은지심 같은 것이 있고 언니 오빠들이 부모님께 서운하게 하는 것을 볼 때마다 그러지 말아야지 생각하면서 살아서 그렇단다. 우리 막내도 어머니께 잘했다.

지금 고향에 어머니가 안 계셔도 나는 현수막을 걸고 싶었다. 고향 친구에게 다시 전화를 걸었다. 막내 여동생 사무관 합격 현수막을 걸어달라고 했다. 고향 친구가 있어 얼마나 나는 행복한 사람인가. 돈은 내가 보낸다고 하지만 현수막 문구를 넣고 현수막을 맞추러 가야 하는 고생을 대신 해 주는 친구가 있어 나는 복 많은 사람이라고 다시 한 번 생각했다.

드디어 현수막이 면사무소에 걸렸다고 친구가 사진을 보내왔다. 그리고 동창회 카톡창에도 친구가 사진을 올려 주었다. 동창 친구들이 동생들을 잘 두었다고 축하한다고 난리가 났다. 참으로 행복한 시간이었다. 그러나 어머니가 고향에 계시지 않아서 한편으로는 참으로 슬픈 시간이기도 했다. 지난번처럼 어머니랑 같이 가서 현수막을 읽어 드리고 같이 기쁨을 나누면 얼마나 좋을까.

문득 문자 메시지 알림이 울렸다. 고향의 독거관리사 선생님이었다. 어머니 혼자 고향에 계실 때 지극정성으로 돌봐 주시던 분이다.

"잘 지내시죠? 어르신은 좀 어떠세요. ○○○님이 동생분이라고 친척이 알려 주었어요. 사무관 시험 합격했다고 면사무소 앞에 현수막이 걸렸어요. 축하합니다. 어르신이 자녀분들을 너무 잘 키우신 거 같아요."

나는 그 문자를 읽자마자 엉엉 울었다. 두 눈에서 굵은 눈물이 흘렀다. 이렇게 우리 어머니를 온 사방 자랑하고 싶어서 나는 그렇게 현수막을 걸고 싶었나 보다. 그분의 문자를 받고 나는 내 마음 깊숙이 있는 어떤 마음을 알았다. 자랑스러운 우리 어머니.

머리 손질

나는 집에서 가장 가까운 미장원을 선택하고 그곳을 다닌다. 주로 여주인 혼자서 하는 미용실이다. 나는 머리 손질에 까다롭지 않다. 요즘 내가 다니는 곳은 목욕탕에 속한 미용실이다. 열흘이 지나면 머리 손질을 해야겠다고 생각했다. 그런데 그날 목욕탕에 들어서자마자 미용실 원장이 부른다. 미장원이 내일부터 문을 닫으니 지금 당장 머리 손질을 하라고 한다. 코로나로 목욕탕이 6개월 문을 닫기로 했단다. 나는 놀라서 미장원 의자에 앉았다.

"이런 머리는 드물어요. 복이 많아요. 친정어머니께 파마하는 돈을 용돈으로 드려야겠어요."

내 머리를 만지며 한마디 한다. 내가 다니던 모든 단골 미용실에서 듣던 말이다. 내 머리카락은 약간 곱슬기가 있고 굵고 숱도 많아 머리카락이 힘이 있단다. 누가 손질해도 말을 잘 듣는다. 파마도 하지 않으니 머릿결이 좋을 수밖에 없다. 한 달에 한 번 정도 잘라 주기만 하면 된다. 생각해 보니 한 번도 어머니께 파마 용돈을 드린 적이 없다. 괜히 마음 찡하다. 이제는 요양병원에 계시니 드릴 수도 없다.

내 머리카락이 삭삭 잘려 나가기 시작했다. 언젠가 겪었던 일이 생각났다. 자궁근종으로 인해서 나는 빈궁마마가 되었다. 자궁이 없다고 빈궁마마라니. 여인들은 서로 그렇게 위로하며 사는 거였다. 이래저래 몸을 추스르고 한 달이 훨씬 지나 미장원에 갔다. 평상시처럼 단골집 원장이 내 머리카락을 만지더니 깜짝 놀라 물었다.

"이게 무슨 일이에요? 어디 수술했어요?"

나는 그때 얼마나 놀랐는지 모른다. 나는 수술 후 의기소침했다. 내색하고 싶지 않아서 아무한테도 말하지 않았다. 나는 놀란 눈으로 그녀에게 어떻게 알았느냐고 물었다.

"평상시 머리카락이 아니에요. 튼튼하고 힘 있는 머리카락이 아니에요. 푸석푸석하고 이상해요."

역시 전문가들은 다르구나. 나조차 내 머리카락의 상태가 좋은지 나쁜지 모르고 있었는데 그것을 알아내다니. 나중에 뜸사랑 공부를 하면서 알게 되었다. 서양의학에서 신장은 오줌을 거르는 역할이다. 그러나 동양의학에서 신腎은 인간의 수명과 생식에 깊이 관여한다. 당연히 생식기관도 신腎이 주관한다. 오행 분류표에서 보면 신장은 머리카락과 귀에 자신의 상태를 표현한다. 그래서 빈궁마마 수술 후 나의 머리카락이 나빠진 것이다. 신장이 머리카락과 귀로 자신의 건강 상태를 표현한다는 논리에 나는 허무맹랑하다고 생각한 적이 있었다.

얼마 전에 뉴스를 보다가 나는 또 놀랐다. 제목이 "젖은 귀지, 유방암"이다. 유방암 환자들에게 젖은 귀지가 많이 생긴다는 보고서는 수십 년 전부터 있었는데 그 이유가 정확하게 밝혀졌단다. 유방암을 일으키는 유전자와 젖은 귀지를 일으키는 유전자가 같다는 것이다. ABCC11 유전자는 유방암도 생기게 하고 젖은 귀지도 생기게 하는데 귀지의 형성과 산모의 초유는 같은 분비샘에서 만들어진다고 한다. 우리 옛 선조들은 이런 사실을 어떻게 알았을까.

미장원에 앉아서 순서를 기다리는 여인들이 투덜거렸다. 미장원이 문 여는 그때까지 어디를 가야 하나. 그 말을 들어서일까. 원장이 내 머리를 아주 짧게 잘라 주었다. 오랜 기간 머리 손질을 할 수 없는 나를 배려한 것이리라. 거울 속의 너무 짧은 머리를 보고 속상했다. 그러나 그녀의 사랑의 마음이라고 생각하고 마음을 다독거렸다. 봉사실 모임에 갔더니 나를 못 알아보는 사람도 있었다. 내가 옆에 있어도 나를 못 알아봤다. 그녀는 나중에 나인 것을 알고 깜짝 놀랐다. 선머슴 같다고 했다. 평상시의 내가 아니고 여자 같지도 않단다. 나는 마음에 작은 상처를 받았다.

그때 알았다. 우리는 걱정해서 너무 앞당겨 무언가를 할 필요가 없다는 것을. 시간이 지나 머리가 길어지면 어딘가 찾아가서 잘랐을 텐데…. 나를 생각해서 이렇게 선머슴같이 만들어 놓았으니 어찌하나 싶었다. 여러 가지 생각이 떠올랐다. 나 또한 이렇게 선을 넘어 처신하는 일이 없었을까. 내가 속한 집단에서 마치 내가 없으면 안 된다는 생각으로 과하게 도를 넘는 일을 한 적이 있었으리라. 그냥 내가 있는 상황에서만 최선을 다하자고 다짐했다.

 3개월이 지났다. 짧게 잘랐던 머리도 길어졌다. 하도 짧게 자른 탓에 이만큼이나 지나 올 수 있었다. 이렇게 길러 본 적이 없어서 그때부터 불편해졌다. 날은 더운데 머리 손질이 힘들었다. 마침 딸이 왔기에 내 머리가 어떠냐고 물었다. 아직은 보기 괜찮다고 했다. 딸의 머리는 길어서 머리를 둥글게 감아올리고 있었다. 소아암 어린이들에게 머리카락을 기증하려고 일부러 기르는 중이란다. 나도 동참하고 싶다고 했더니 염색 머리는 받아주지 않는단다. 늘 잘라서 버리는 머리카락. 한 번쯤 길러서 이런 좋은 일도 했으면 좋았을 텐데 벌써 노인이 되어 머리카락 기증하는 일도 할 수 없다니 서운했다.

 날이 더우니 낯선 미용실을 찾아가기도 귀찮다. 이 기회에 머리를 한 번 길러볼까 생각했다. 며칠을 참고 견딘다. 그러나 마음은 하루에 열두 번도 더 바뀐다. 아침엔 기른다고 했다가 저녁엔 자르기로 마음먹는다. 그러기를 며칠째. 어느 날부터인가 사람들에게 묻고 있는 나를 발견했다. 모임에서도 사람들을 만나면 내 머리를 잘라야 하는가를 물었다. 대부분은 아직은 괜찮다고 답을 해 준다. 그렇게 또 며칠을 갔다. 이제는 아무 곳에서나 아무한테나 묻는다. 길거리 신호등 앞에서 기다리며 서 있다가 옆에 있는 사람에게 불쑥 묻기도 하고 전철에서 옆에 앉은 사람에게 묻기도 한다. 그들은 낯선 이의 물음에 깜짝 놀라면서도 미소 지으며 아직은 괜찮다고 대답했다. 어느 날 전철역 화장실, 옆에서 같이 손을 씻는 할머니에게 또 물었다.

"묻긴 뭘 물어요. 내 마음대로 하는 거지. 하고 싶은 대로 하고 살아요."

할머니가 퉁명스럽게 말했다. 나는 정신이 번쩍 났다. 왜 나는 그렇게 묻고 다녔을까. 남의 시선에 왜 그리 의식하면서 살았을까? 날도 더운 삼복더위에 나는 왜 머리카락을 부여잡고 있었을까. 나는 그날 길을 가다 미장원 간판을 찾았다. 문을 밀고 들어가서 머리 손질을 했다. 내가 하고 싶은 대로.

비껴감

　문학교실 언니가 노적사에 갔던 이야기를 시로 써왔다. 시에 그려진 그 모습이 너무 아름다워서 나는 그 절에 가고 싶어졌다. 강원도에 어머니가 안 계시니 강원도 갈 일도 없고 어머니 계시는 요양병원에는 계속 면회가 금지된 상태이다. 나는 갈 곳을 잃어버린 사람처럼 마음이 공허했다. 그러던 찰나에 산사에 대한 시가 내 마음에 들어온 것이다. 높은 산에 가는 등산처럼 힘들지도 않을 것이고 혼자 다니기엔 절이 무난하고 안전할 것 같았다.

　노적사 가는 길을 인터넷에서 찾아서 혼자 길을 나섰다. 버스에서 내려 지나가는 사람에게 길을 물었다. 그는 산길로 들어가는 초입과 가는 길을 알려 주었다. 처음에는 이정표를 본 듯했는데 아무리 걸어도 노적사 이정표도 없고 지나가는 사람도 없다. 아까 그분이 길을 잘못 알려 준 것일까? 그런데 돌이켜 보면 나 또한 사람들에게 길을 잘못 알려 준 적이 많았다. 길치인 내가 길의 방향을 혼동해서 일어나는 일이다. 나중에 엉뚱한 길을 알려 준 것을 깨닫고 그분들이 나 아닌 다른 사람에게도 길을 물어서 제대로 찾아가길 기도한 적이 한두 번이 아니다. 내 경험이 그러니 내가 길을 물을 때면 그 사람도 혹시 착각할 수도 있다는 생각에 나는 여러 번 길을 묻는 편이다. 내 출발 시간이 어중간한 시간대였는지 그곳을 지나가는 사람이 도통 없었다. 그러니 그저 혼자 묵묵히 길을 걷는 수밖에 없었다.

내가 우연히 길을 비껴간 것일까? 한참을 걸었다. 멀리 이정표가 눈에 띄었다. 반가운 마음에 달려갔는데 노적사는 없고 원효암 가는 길만 나와 있었다. 나는 허탈한 마음으로 한참을 서 있었다. 어떻게 해야 하나. 다시 원점으로 되돌아가서 노적사를 찾아가야만 하나. 그러다가 마음을 고쳐먹었다. 그래 오늘은 원효암으로 가자. 오늘 내 인연은 원효암이라 생각하기로 했다.

원효암은 아담했다. 원효암은 신라시대 원효대사가 수도하였던 토굴이었다고 한다. 원효대사가 좌선하면서 창건하였다는 설도 있고 조선 숙종 때 승병장 성능이 원효를 기리기 위해 창건하였다는 설도 있다. 북한산성을 지키는 승병이 머무르는 사찰이었다고 한다. 원효암에는 코끼리처럼 생긴 바위 아래에서 석간수가 나오고 있었다. 목이 마른 나는 그 물을 달게 마셨다.

원효대사가 마셨다는 해골 물이 생각났다. 원효는 의상과 함께 당나라 유학길에 올랐다. 날이 어둡고 비바람이 불어 토굴에 들어가 하룻밤을 자게 되었다. 밤에 원효는 목이 말라 머리맡 바가지에 있는 물을 시원하게 마셨다. 그런데 다음 날 아침에 일어나 보니 토굴은 무너진 무덤이었고 바가지는 무덤에 있던 해골이었다. 이에 원효는 크게 깨달았다. 모든 일의 좋고 나쁨, 깨끗함과 더러움, 선함과 악함에 대한 구별은 마음에 달려 있다는 것을 알았다. 원효는 당나라 유학을 포기하고 신라로 돌아왔다. 이 일 또한 비껴감이리라.

원효는 그 당시의 불교가 왕족과 귀족들의 종교로만 머물러 있는 것이 너무나 안타까워서 대중들 속으로 나오기로 마음먹었다. 대사는 대중들을 만나기 위해 춤추고 노래했다. 그렇게 사람들을 모아 설법을 하면서 방방곡곡을 다녔다. 그래서인지 이곳저곳을 다녀 보면 원효대사의 흔적이 남아 있는 수많은 암자와 사찰을 만난다. 원효대사 이후에 일반 민중들이 "나무아미타불"이라고 입으로 말할 수 있게 되었다고 한다. 그 이전에는 일반 사람들은 그 말이 너무 어려워서 말할 수조차 없었다. 불교의 대중화를 이끈 위대한 원효대사!

원효암에서 이정표를 보니 원효봉에 대한 안내가 나와 있었다. 멀지 않았다. 잠시 쉬다가 원효봉을 올랐다. 높지 않은 곳이라 갈 만했다. 정상 너른 바위에 사람들이 군데군데 앉아서 휴식을 취하고 있었다. 멀리 보이는 북한산 능선이 장엄하고 아름다웠다.

'클리나멘'이라는 용어가 있다고 한다. 고대의 철학자 루크레티우스는 어느 날 비 내리는 풍경을 유심히 보고 있었다. 그의 시선에 들어온 것이 사선으로 떨어지는 빗줄기였다. 주룩주룩 땅에 일직선으로 떨어지는 빗줄기 가운데 유독 비스듬히 떨어지는 빗줄기가 있었다. 이 모습을 보고 루크레티우스는 생각을 했다고 한다. 직선을 가로지르는 사선의 힘. 루크레티우스가 얻은 빗속의 깨달음. 만약 전혀 다른 방향과 예측불가의 방식으로 움직이는 우발적 존재가 있다면 그것은 반드시 충돌을 일으키게 된다. 그리고 그 충돌로 인해 전에 없던 무언가를 생성하게 된다는 이론이다. 에피쿠로스학파에 속하는 그는 허공 속에서 원자들의 운동을 통해 새로운 세계가 만들어지고 변화가 일어나는 원리를 설명하기 위해서 도입했다. 원효대사 유학길의 비껴감도 여기에 해당이 되지 않을까?

　원효암과 원효봉에 갔다 와서인지 신문에 있는 원효대사 이야기에 얼른 눈길이 갔다. 원효대사는 자신이 쓴 〈발심수행문〉에서 이렇게 말했다. "지혜 있는 사람이 하는 일은 쌀로 밥을 짓는 것과 같고, 어리석은 사람이 하는 일은 모래로 밥을 짓는 것과 같다.[有智人의 所行은 蒸米作飯이요 無智人의 所行은 蒸沙作飯이라]" 또 이렇게도 노래했다. "자기도 이롭게 하고 남도 이롭게 하는 것은 날아가는 새의 두 날개와 같다.[自利利他如鳥兩翼]"

　잠시 생각을 해 본다. 나도 이롭게 하면서 남도 이롭게 하는 것이 어떤 것이 있을까. 내가 하고 있는 글쓰기와 뜸사랑 봉사가 그런 일일까? 그러다 문득 생각한다. 내 글이 모래로 밥을 짓는 것이면 어떻게 하나!

신발에 대하여

　오늘도 신발장 앞에서 한참을 망설인다. 오늘은 어떤 것을 신어야 하나. 굽이 있는 예쁜 신발에 눈길이 간다. 그러나 이내 고개를 젓는다. 지난번 구두가 높아서 고생한 것이 생각났기 때문이다. 옷은 조금 작아도, 조금 커도 그냥 입을 수 있다. 그러나 신은 절대로 그럴 수 없다. 불편한 신발을 신은 날은 하루가 엉망진창이 된다. 작은 신은 발에서 불이 난다. 물집이 생기고 상처가 나며 나중에 발가락 이상이 생긴다. 큰 신을 신으면 헐떡거리거나 끌리는 신발 때문에 낭패다. 그러나 발이 편한 것만 생각해서 신을 고르면 왠지 옷 입음새가 말이 아니게 된다.
　텔레비전에서 멋진 여성이 옷 입는 것에 대하여 조언하고 있었다.
　"옷보다 더 중요한 것은 신발입니다. 신은 문장으로 따지면 마지막 문장부호입니다. 마침표를 찍을 것인가, 물음표를 할 것인가. 느낌표를 찍을 것인가. 그 문장부호에 따라 그 글의 느낌이 달라지듯이 패션도 그렇습니다."

정신이 번쩍 들도록 명쾌했다. 문장부호로 설명을 하니 딱 이해가 되었다. 신발에 대한 유명한 광고가 있었다. '패션의 완성은 구두.' 좋은 신을 신고 있으면 그 신발이 나를 좋은 세상으로 데려다줄 거라고 했다. 그러나 나이 들어 무릎 아픈 사람에게는 신발에 대한 미적인 감각은 저 만치에 있다.

신발은 본인에게 꼭 맞아야 하는 이유에서일까, 신발은 그 사람이 누구인가를 말해 주는 정체성의 의미가 있다. 그래서 그런지 동서양의 많은 이야기에도 신발이 자주 등장한다. 신데렐라의 잃어버린 구두 한 짝.《오즈의 마법사》에서 도로시가 북쪽 마녀에게서 받은 구두. 그리스 로마 신화에서 테세우스의 아버지가 남긴 가죽신. 이아손이 신발 한 짝을 잃어버리고 왕이 되는 여정의 길을 가는 이야기. 콩쥐의 잃어버린 꽃신을 주은 원님 이야기 등. 우연히 달마대사 그림을 보았는데 지팡이에 짚신 한 짝이 걸려 있다. 달마대사의 무덤을 파 보니 시신은 없고 짚신 한 짝만이 있었다고 한다. 이렇게 신발은 그 사람의 상징이 된다.

박지원의《열하일기》를 읽다가 어느 한쪽에 눈길이 간다. 명나라가 망한 후 청나라 사람으로 살아야 하는 사람들의 이야기인데 청나라에서 전족하지 말라고 했는데도 여인들이 발을 옥죄는 전족을 그렇게 애지중지하고 있는 장면이었다. 남자들은 명나라의 복식을 안 한 지 오래되었는데 여자들은 큰 아픔을 감수하면서 전족을 착용하고 있었다. 옛 자신의 나라를 잊지 않는 애국의 길이라고 생각하고 있는 듯했다. 여인들에게 신발은 무엇일까. 우리들이 예쁘다고 너무 꽉 끼는 신발을 신는 것 또한 전족과 무엇이 다를까. 다양한 운동화로 편하게 옷에 맞추어 신는 신세대를 보면 그들을 본받아야 한다고 나는 생각했다.

　요즘의 나는 새 옷이나 새 신발은 잘 사지 않는다. 내가 우리 자매 중에서 키가 제일 작기 때문에 여동생들은 옷이나 신발을 샀는데 자신들에게 작은 것은 내게 보내 준다. 친한 지인들도 마찬가지다. 물욕이 많은 나는 옷과 신발을 받을 때마다 기쁘다. 그런데 생각해 보면 이런 옷들은 사실은 내 취향이 아니다. 처음엔 망설이다가 그냥 입고 나섰는데 의외로 이쁘다고 평가를 해 주는 사람들이 많았다. 신발도 내가 골라서 산 것보다 편하고 좋은 것이 많았다. 그동안의 나는 어쩌면 내 안목에 갇힌 우물 안 개구리였는지도 모른다. 옷을 선택하거나 신을 선택하는 것도 타성에 젖어 한 방향으로만 고집하고 있었음을 느끼게 된다. 나는 문장 끝에 늘 마침표만 문장부호로 썼는데 그들 덕분에 느낌표도 물음표도 쓰게 된 것 같다.

　한 지인이 말했다. 수업하러 가면 자신이 좋아하지 않는 차를 학생들이 줄 때가 있단다. 그런 차는 마시지 않고 강의가 끝난 후 그냥 갖고 나와서 살며시 버린다고 했다. 그들이 무안하지 않게, 들키지 않게, 버리면서 죄짓는 것 같고 미안한 마음이 크다고 했다.

　"성의를 생각해서 한 모금은 드셔 보세요. 내가 여태 몰랐던 신비한 맛을 느낄 수도 있어요. 내가 좋아한다고 생각했던 것도 사실은 타성에 젖어서 그럴 수 있답니다."

그녀가 깜짝 놀라며 그럴 수도 있겠다고 고개를 끄덕였다. 동생들과 지인들이 준 옷이나 신발이 아니었으면 나 또한 이런 것을 몰랐을 것이다.

신발과 연관된 말들도 흥미롭다. 사랑하는 이의 신발 끄는 소리, 예리성曳履聲이 들리면 우리 선조들은 신발 신을 새 없이 버선발로 뛰어나왔다. 우리가 흔히 쓰는 이력서履歷書라는 말은 신발 신고 지나온 기록이라는 뜻이다.

아직도 신발장 앞에서 신발을 찾고 있다. 편하고 모양도 이쁜 신을 찾아 두리번거린다. 오늘 나는 무엇을 신어서 내 문장부호를 마무리할까. 나는 오늘 또 어떤 이력서 한 줄을 쓸까. 망설이면서 서 있다.

인생의 즐거움

　누군가 인생삼락에 대한 글을 올렸다. 공자, 맹자, 다산, 노자, 추사 등 여러 유명한 사람들의 인생삼락이 설명되어 있었다. 나는 '영계기삼락'이라는 글에 마음이 갔다.
　공자가 태산에서 노닐다가 영계기를 만났다. 그는 사슴 가죽으로 만든 옷을 걸치고 새끼줄로 허리를 두른 초라한 행색이었지만 거문고를 치면서 즐겁게 노래를 부르고 있었다. 무슨 일로 그렇게 즐거워하는지를 공자가 물었다. "나는 즐거움이 아주 많다오. 하늘이 낳은 만물 가운데 오직 사람이 귀한데 사람으로 태어났으니 첫 번째 즐거움이요. 남녀의 차이가 있어 남자를 더 귀하게 여기는데 남자로 태어났으니 두 번째 즐거움이요. 사람이 태어나서 강보에서 벗어나지 못하고 죽는 사람도 있는데 나는 이미 95세가 되었으니 세 번째 즐거움이오." 그는 덧붙이길 "가난이란 선비에게는 늘 있는 일이고 죽음이란 사람의 마지막인 것. 늘 있는 일에 처하여 마지막을 기다리는 것이니 무슨 근심을 하겠소." 그의 이야기를 들은 공자는 훌륭하다, 스스로 여유로운 사람이구나라고 했다.

남자로 태어나 즐겁다는 그 말이 눈에 들어왔다. 예전에는 그랬을 것이다. 그러나 요즘은 세상이 많이 바뀌었다. 더구나 요즘은 음陰의 시대라고 한다. 신문에서 동양학자의 글을 읽었는데 2080년까지는 양陽보다 음이 성한 시대라고 풀어놓았다. 우주의 원리로 그렇다는데 어찌 할 것인가. 나는 요즘 손자들을 돌보는 재미에 푹 빠져 있는데 할머니 즉 여자가 아니면 느낄 수 없는 행복에 푹 젖어 있는 중이다.

많은 사람의 삼락 중에서 내 마음과 일치하는 것은 상촌 신흠의 '인간삼락'이었다. 문 닫고 마음에 드는 책을 읽는 것[閉門閱會心書폐문열회심서], 문 열고 마음에 맞는 손님을 맞는 것[開門迎會心客개문영회심객], 문을 나서 마음에 드는 경치를 찾아가는 것[出門尋會心境출문심회심경].

나는 책 읽는 것이 좋다. 글 쓰는 것도 좋다. 문학반에 새로 들어온 분이 물었다.

"우리가 쓰는 글을 누가 읽나요? 가족이 읽나요?"

"아니요. 가족도 잘 안 읽어 줘요."

"그럼, 그런 글을 왜 쓰나요?"

"우리가 읽지요. 우리 문우들이 읽는답니다."

내가 힘차게 대답했다. 나는 마음에 맞는 사람들과 책을 읽고 글을 쓰고 수다 떠는 것이 좋고, 그리고 여행이 좋다. 공부방에 답사 일정이 잡혔다고 갈 사람은 손을 들라는 안내가 떴다. 나는 얼른 저요, 저요, 하면서 답을 달았다. 일등이었다. 떠나기 위해 전철역에 일행이 모였다. 여행을 정말 좋아하나 보다고, 일등으로 손을 들더라는 누군가의 물음에 나는 대답했다.

"강원도 산골, 하늘 아래 첫 동네 같은 곳에서 자랐어요. 신작로를 달리는 버스를 볼 때마다 어딘가로 가고 싶었답니다."

나는 웃으며 답했다. 그날 공부방의 여행지는 내소사였다. 내소사에 가니 우리 문학반 언니가 예전에 썼던 내소사에 대한 글이 떠올랐다. 언니의 그 글을 읽으며 언젠가 가 보리라 마음먹은 곳. 이곳을 드디어 내가 왔구나. 감동하면서 그곳을 둘러보았다. 내소사의 소蘇자는 소생한다는 뜻이라고 했다. 언니의 글은 그곳에서 나에게 다시 소생하고 있었다.

나는 내가 여행을 좋아하므로 친정어머니나 시어머니도 그러리라 생각했다. 그래서 항상 그분들을 모시고 어디든지 가 보고자 애썼다. 그분들 세대에 여자로 살았다는 것은 여행의 즐거움 같은 것은 못 느끼고 살았다고 생각했기 때문이다. 친정어머니가 암 수술 후에 혼자서 강원도 고향집을 지키고 있을 때에도 어머니 단풍 구경을 위해 택시를 불러서 단풍 명소를 둘러보았다. 택시 기사가 동생의 친구여서 몸이 불편한 어머니를 앞에 태우고 시속 30~40킬로미터로 살살 다녀서 가능했다. 내가 운전을 못 하는 것이 못내 아쉬웠다.

시어머니는 의정부라 전철을 이용할 수 있었다. 그런데 시어머니는 여행을 가자고 하면 일단 거절부터 했다. 전철은 무료이니 걱정하지 않아도 된다고 나는 설득했다. 시어머니와 둘이서 가는 전철 여행을 시작했다. 한가한 평일을 이용하기로 했고 전철의 종점까지 가 보는 것을 목표로 했다. 4호선 오이도역에 내려서 조개구이를 둘이서 먹었다. 1호선 소요산역에서 내려 소요산 입구에 앉아서 한참을 구경하고 팥죽을 먹고 왔다. 수원역에 내려서는 유명하다는 수원갈비집에 택시를 타고 가서 먹었다. 온양온천역에 가서는 온천을 하고 아산 현충사를 보고 왔다. 수원역에는 한 번 더 갔다. 드라마를 열심히 보는 시어머니가 수원 행궁에 가 보고 싶다고 했다. 수원역에 내려 수원시티버스를 타고 수원 행궁에 갔다. 낯익은 궁궐 모습에 어머니가 기뻐했다.

벌써 여행을 못 다닌 지 몇 년이 되었다. 코로나로 다 막혔기 때문이다. 그동안 친정어머니는 요양병원에 입원했다. 시어머니는 다리가 더 많이 불편해져서 전철 여행은 무리다. 아들이나 손자가 차로 모셔야만 한다. 세월은 속절없이 흘러갔다.

뜸사랑 봉사자 한 분이 화가로 등단을 했다. 그분이 내 책을 잘 읽었다고 하면서 지난 연말에 호랑이해가 오니 특별히 호랑이 그림을 그려서 내게 보냈다 했다. 그런데 새해가 와도 그 엽서 그림은 내게 오지 않았다. 나는 아마 누군가가 가지고 간 모양이라고 했다. 내가 책을 보내보니 가끔 분실되는 책이 있었다. 몇 달이 흘렀다. 그분이 옛집에 가 보니 그 그림이 우편물 반송 도장이 찍혀 집에 와 있더란다. 내 주소가 맞는데 왜 그런 일이 일어났는지는 모르겠다. 그분은 그 그림을 봉사실에서 직접 나를 만날 때 주었다. 그러면서 말씀하셨다. "이 호랑이들은 세상을 두루 구경하고 선생님께 가네요. 인천에서 서울로, 의정부로, 다시 바다 건너 장봉도로, 그리고 다시 서울로…. 아마 이 아이들이 세상 구경을 두루 해 보고 싶었나 봐요."

그 멋진 호랑이 그림은 내 책상에서 나를 보고 있다. 나는 그들에게 말을 건넨다. 너희가 정말 나를 닮았구나. 세상 구경 많이 해 보고 싶은 나를.

안 보면 잊힌다

  뜸사랑 봉사실에서 뜸을 떠 주는 봉사를 18년째 하고 있다고 하면 사람들은 나를 대단하다고 한다. 그러나 사실 부끄러운 속마음을 털어놓자면 나는 남을 위해서보다는 나를 위해서 봉사실을 나가고 있다. 이것이 내 진짜 속마음이다.
  나는 부인과 영역의 수술을 받은 후에 어찌된 일인지 발바닥이 아파서 걸음을 걸을 수가 없었다. 우리나라 최고의 병원에서 수술을 했고 수술도 잘 되었고 아무 이상이 없다는데 참으로 난감한 일이었다. 그럴 때 사람들은 신경성이란 말을 붙인다. 내가 예민해서 그렇다는 이야기인데 억울하기 그지없다. 실제로 아픈 사람은 나인데 아무도 믿어 주지 않아 억울하다고나 할까. 잘 쏘다니던 내가 밖에도 나가지 못하고 있다고 하소연을 했더니 고향 친구가 뜸사랑을 알려 주었다. 그래서 뜸을 뜨기 시작했고 뜸을 배웠고 봉사자가 되었다. 뜸은 돈이 거의 들지 않는다. 일 년에 몇 천원이 고작이다. 특히 구당뜸은 아주 단순하다. 어렵지 않다. 일반인도 조금만 배우면 된다. 뜸을 뜨고 얼마 되지 않아 나의 증세는 나았다.

 뜸을 배우며 왜 내가 나았는지를 이해하게 되었다. 서양의학에서 신장腎臟은 소변을 걸러내는 작용을 주로 강조하는데 동양의학에서 신장腎臟은 성장 발육과 수명, 생식에도 관여한다고 되어 있다. 동양의학의 이론이 틀리지 않다는 것이 근래에 입증되었는데 신장 위에 붙어 있는 부신副腎에서 성호르몬이 나온다는 것이 밝혀졌기 때문이다. 동양의학에는 눈에는 보이지 않는 어떤 흐름을 인지하고 있는데 세로로 흐르는 것을 경맥經脈이라 하고 가로로 흐르는 것을 낙맥絡脈이라고 부른다. 우리가 경락經絡 마사지라고 부르는 경락이 이것이다. 각 경맥의 시작점과 끝점이 손에 있으면 그 경맥 이름에 수手자가 붙고 발이면 족足자가 붙는다. 그중에서 신腎경맥은 발에서 시작한다. 그래서 족소음신경이다. 내가 부인과 영역의 수술을 한 이후 발이 아팠던 이유를 이 설명을 듣고 이해할 수 있었다. 뜸을 뜨고 난후 전체적인 몸의 기능도 좋아졌다. 소화 기능이 약해서 고구마나 닭튀김을 못 먹었는데 무엇이나 잘 먹을 수 있게 되었다.

 뜸사랑 봉사실 대기실에는 금호그룹 선대 회장님 사진이 걸려 있다. 사진 아래에 이곳을 기증해 주신 분이라는 설명이 붙어 있다. 구당의 《무극보양뜸》이란 책에서 그 사연을 읽었다. 선대 회장님이 아플 때 구당 할아버지가 치료해서 병이 나았다. 회장님이 할아버지한테 무언가를 해 주고 싶다고 했다. 구당 할아버지는 힘 있고 돈 있는 사람들은 어떻게 연줄을 대서 나에게 오는데 힘없고 가난한 사람들은 그러지 못하니 봉사실이 하나 있었으면 좋겠다고 했다. 마침 금호그룹이 동대문 쪽에 새로 지은 오피스텔이 있어서 한 칸을 주었다. 구당 할아버지는 이곳을 뜸사랑 봉사실이라 이름 지었고 장애우와 외국인 노동자 그리고 뜸사랑 정회원과 그 가족들을 위한 봉사를 시작하였다.

나는 2006년부터 공부를 시작해서 이곳에 2008년 3월부터 나가기 시작했다. 일주일에 하루를 봉사하러 가는 것이다. 봉사가 끝나면 저녁에 우리 봉사자끼리 서로 뜸을 떠 준다. 그 시간이 좋았다. 내가 치료받는 나를 위한 시간이었기 때문이다. 구당 할아버지가 방송이 나오고 유명해지자 여기저기서 견제가 들어왔다. 봉사실에 경찰관들이 오기 시작했다. 신고가 들어오면 경찰관들은 일단 그곳에 가 봐야 한다. 그렇지 않으면 직무유기에 해당된단다. 우리가 가난하고 힘든 사람들을 위해서 하는 거라는 것을 알고 있지만 올 수밖에 없다고 했다. 시달림 끝에 뜸사랑 봉사실은 문을 닫을 수밖에 없었다.

봉사실에 가지 않아도 나는 뜸을 배웠으니 집에서 혼자 열심히 뜸을 뜨면 되겠지 생각했다. 그런데 뜸사랑 봉사실에 한 달 이상을 가지 않게 되자 어느 날 내가 스스로 뜸을 뜨지 않는 것을 알았다. 등은 내가 뜰 수 없지만 앞에 있는 뜸자리는 꼬박꼬박 잘 뜨고 있었는데 봉사실에 가지 않으니 나는 몸의 앞부분에 있는 뜸자리조차 뜨지 않는 것이었다.

구당 할아버지는 족삼리足三里 두 자리, 중완中脘 한 자리, 곡지曲池 두 자리. 이렇게 다섯 자리만 떠도 우리 몸의 오행五行을 돌려주고 있는 것이니 바쁠 때는 그렇게만 떠도 된다고 했다. 그것조차 하지 않고 있는 나를 발견하고 아득했다. 안 보면 잊힌다더니 역시 그랬다. 내가 나약한 인간임을 새삼 느꼈다.

언젠가 읽은 글이 생각났다. 사랑하는 연인이 있었다. 그런데 그들은 멀리 떨어져 있었다. 남자는 여인에게 매일 편지를 썼다. 세월이 흘러 드디어 여인이 결혼을 하게 되었다. 누구랑? 우체부랑.

나는 그 이야기를 처음 들었을 때 크게 웃었다. 그러나 생각해 보면 인간의 마음이란 나약하기 그지없다. 멀리 있는 사람보다 매일 보는 사람에게 마음이 간다는 것은 지극히 당연한 이야기였다. 내가 뜸을 그렇게 믿고 좋아하지만 뜸사랑 봉사실을 안 가게 되니 뜸을 뜨지 않았던 것처럼.

문학교실도 마찬가지다. 나는 이곳에 다녀야 글을 쓰게 된다. 사람들은 말한다. 집에서 쓰면 되지 않느냐고. 나는 나약한 사람이라 그러지 못한다. 문우들의 글을 읽고 동기부여를 받는다. 안 보면 잊히는 건 글쓰기도 마찬가지인 것 같다. 안 보면 잊히는 것. 인간적이기도 하고 슬프기도 하다.

붉은 립스틱

 글을 쓰는 사람이 이야기꾼이라면 나는 어머니의 재능을 이어받았다. 어머니는 이야기하기를 좋아했다. 그런데 요양병원에 입원한 후로 면회를 가면 '창피하다' '부끄럽다'고 하면서 빨리 가라고만 했다.
 큰딸인 나조차 알아보지 못하는 날, 어머니를 면회 갔다 올 때 하늘이 너무 맑고 좋으면 나는 혼잣말을 중얼거렸다. '이렇게 좋은 날, 어머니 하늘에 가시면 안 될까요.'
 어머니가 위독하다는 연락이 왔다. 나의 한 세계가 무너지고 있었다.
 어머니는 정말 좋은 봄날에 가셨다. 춥지도 덥지도 않은 봄날이었다. 목련이 하얗게 봉우리를 터트리기 시작하고 노란 개나리가 길가에 수를 놓기 시작했다. 바람도 잠든 온화하고 포근한 봄날이 이어졌다.
 입관 시간이 되었다. 수의를 입고 누워 계신 어머니를 보고 나는 깜짝 놀랐다. 어머니가 그렇게 고울 수가 없었다. 슬픔을 넘어서 어머니가 너무나 아름다워서 나는 왈칵 눈물이 났다. 고생만 많이 한 나의 어머니가 오늘 너무 아름다워서 나는 하염없이 눈물을 흘렸다. 내가 알던 어머니가 아니었다. 곱게 화장한 얼굴에 붉은 립스틱을 바르고 있었다. 우리 어머니는 강원도 산골에서 여섯 남매를 키우느라 손에서 물 마를 날이 없었다. 그러니 얼굴에 화장한 어머니를 본 적이 거의 없다. 더구나 저렇게 붉은 립스틱이라니…. 고운 빛 수의에 꽃신까지 신고 있는 어머니는 곱디 고왔고 눈부시게 아름다웠다.

어디에선가 읽은 글이 생각났다. 우주의 결론은 아름다움인데 아름다움은 힘과 지혜를 넘어선 절대적인 것이고 모든 것을 이기는 자연의 결론이란다. 여성은 대자연의 주인이고 여성 자체가 아름다움을 상징한다고 했다. 아! 그래서 우리 어머니가 이렇게 아름답구나 생각했다. 어머니 고운 모습이 슬픔 속에서도 위로가 되었다. 돌아가신 분에게 곱게 화장해 주는 직업을 가진 사람의 인터뷰를 본 적이 있는데 그런 직업이 생긴 것은 정말 좋은 일이라 생각했다.

수십 년 모임을 하는 창동 엄마들이 문상을 왔다. 창동 엄마들은 우리 아이들이 초등학교 시절부터 만나는 엄마들이다. 식당으로 옮겨 자리에 앉으며 한 분이 말했다.

"민아 엄마, 립스틱이 너무 빨개요."

한 분이 얼른 거울을 꺼내 나에게 주었다. 나는 소스라치게 놀랐다. 세상에, 내 입술이 빨갛고 빨갰다. 어젯밤 장례식장 식탁 사이에서 잠을 잤다. 아침에 보니 나의 행색이 말이 아니었다. 입안도 헐었고 입술은 부르터서 눈에 띄게 부풀어 있었다. 병원 연락을 받고 경황없이 오다 보니 가방에 들어 있던 것이 이 립스틱 하나였다. 이 립스틱은 바른 후에 시간이 지날수록 색이 더 진해지고 선명해지는 특징이 있었다. 그래서 평상시에는 바른 듯 만 듯 슬쩍 한 번 바르는데 오늘은 부르튼 입술을 가리기 위해 조금 더 힘을 주어 몇 번을 칠했나 보다. 세상에나. 이렇게 빨간빛이라니. 최강의 빨강이었다. 나는 서둘러 휴지로 닦고 물을 묻혀서 닦아 보았지만 어림없었다. 이 립스틱의 특색 하나가 물에도 지워지지 않는 것이다. 다른 한 분이 가방에서 자신의 연한 립스틱을 꺼내 주었다. 그것을 덧발랐다. 조금 연해지기는 했지만 우리가 원하는 만큼의 색은 아니었다.

　그래도 이렇게 알려 주는 사람이 있으니 얼마나 다행인가. 어느 유명한 신부님이 강연 장소에 갔더니 한 여성이 반갑게 달려왔는데 립스틱이 입가에 번져서 얼굴이 말이 아니더란다. 그분은 인사하고 바로 기관장들이 모여 있는 곳을 가야 한다며 총총걸음으로 갔는데 누군가가 그분에게 조금만 알려 주면 좋았을 텐데 하면서 신부님은 걱정했다. 우리 주변에는 막상 필요한 조언을 해 주는 사람은 드물다고 하면서…. 그 이야기를 들으며 '나에게도 저런 일이 생길 수 있겠구나.' 걱정했는데 바로 오늘같이 중요한 날, 이런 일이 생긴 것이다. 운이 좋게도 나에게는 바로 이야기를 해 주는 친구들이 있어서 정말 다행이었다. 립스틱 색이 조금은 연해졌으니까.

바로 옆 식탁에 내 지인들이 앉아 있었다. 그쪽으로 자리를 옮겨 나의 립스틱 이야기를 했더니 후배가 말했다. 자신도 나의 붉은 립스틱을 보고 깜짝 놀랐단다. '언니는 정말 빨강을 좋아하는구나.' 생각했단다. "그래서 언니는 《나는 빨강이 좋다》라는 립스틱 이야기를 썼지요?"라고 말했다. 장소가 장소인지라 지인들이 크게 웃지는 못하고 소리 죽여 웃었다. 나는 또 그녀가 꺼내 주는 물휴지로 다시 또 립스틱을 지우며 가족들이 있는 곳으로 갔다. 가족들에게 내 립스틱 이야기를 했더니 큰올케가 웃으며 말했다. "문상객들도 저렇게 붉은색은 삼가고 안 하는데 상주가 너무 붉다."라고 생각했단다. "말을 좀 해 주지요." 나는 투정부리듯 웃으며 말했다. 아마 내가 손위 시누이니 말을 해 주기가 조심스러웠나 보다. 슬픈 장례식장이지만 가족들 사이에서 내 립스틱 이야기와 어머니의 아름다운 모습 이야기로 슬픔 속에서도 분위기가 화기애애해졌다. 내 실수로 가족들이 즐거워하니 그것 또한 좋았다.

나는 어머니가 혼자 남고 병들어 아프고 나도 늙어가고, 이렇게 세월이 가는 게 야속하기만 했었다. 그런데 장례식장에서 보니 세월 따라 조카들이 많이 자라 있었다. 아버지 돌아가실 때는 태어나지도 않은 조카들이 장성해서 장례식장을 돌보고 있었다. 열 명이 넘는 조카들, 그리고 나의 아들과 딸, 사위 며느리가 저마다 문상도 받고 음식을 나르고 손님들을 안내하며 애쓰고 있었다. 그들의 모습이 아름다웠다. 까만 정장을 입은 나의 두 손자가 하얀 국화를 우리 어머니께 헌화하는 모습도 아름다웠다. 세월이 가는 게 아름다운 일임을 처음 느꼈다.

어머니를 추모관에 모시고 고개 들어 앞산을 보니 붉은 진달래가 환하다. 마치 어머니가 바른 립스틱처럼. 해마다 진달래가 필 때면 아름다운 어머니가 더욱 그리워질 것이고 나의 붉은 립스틱 이야기로 식구들은 또 한 번 웃을 것 같다.

이정자 수필집

훈맹정음

인쇄 2025년 8월 20일
발행 2025년 8월 24일

지은이 이정자
발행인 이노나
펴낸곳 산사나무
주 소 서울특별시 종로구 창덕궁길 146-1, 302호
전 화 010-8208-6513
이메일 sansanamu22@hanmail.net
출판등록 제2022-000122호

저작권자 ⓒ2025, 이정자
이 책의 저작권은 저자에게 있습니다. 서면에 의한 저자의 허락 없이
내용의 일부를 인용하거나 발췌하는 것을 금합니다.

저자와 협의, 인지는 생략합니다.
잘못된 책은 바꿔 드립니다.

ISBN 979-11-989899-6-3 03810

값 15,000원